1318 성품 스쿨

재미있는 인성 교육 안내서

• 김재욱 글·그림 •

1318 성품 스쿨

ⓒ 생명의말씀사 2015

2015년 3월 30일 1판 1쇄 발행
2024년 9월 25일 　　　 5쇄 발행

펴낸이 | 김창영
펴낸곳 | 생명의말씀사

등록 | 1962. 1. 10. No.300-1962-1
주소 | 서울시 종로구 경희궁1길 6 (110-062)
전화 | 02)738-6555(본사) · 02)3159-7979(영업)
팩스 | 02)739-3824(본사) · 080-022-8585(영업)

지은이 | 김재욱

기획편집 | 유선영, 김현정
디자인 | 김혜진
일러스트 | 김재욱
인쇄 | 영진문원
제본 | 보경문화사

ISBN 978-89-04-23012-9 (03230)

저작권자의 허락 없이 이 책의 일부 또는 전체를
무단 복제, 전재, 발췌하면 저작권법에 의해 처벌을 받습니다.

1318 성품 스쿨

PROLOGUE

좋은 성품은 하나님을 닮은 성품입니다

여러분은 어떤 사람이 좋은가요? 그리고 어떤 사람이 되고 싶은가요?

아무리 세상이 변했다고 해도 착하고 마음 넓고 겸손한 사람이 좋지요? 뺑소니 운전자를 추격해 신고하는 시민, 어려운 사람들을 남몰래 돕는 기부 천사, 재난을 맞아 실의에 빠진 이재민을 돕기 위해 먼 길을 달려오는 자원봉사자…. 자기는 못해도 남을 돕고 응원하면서 세상을 따뜻하게 만드는 그런 사람을 보면 모두가 한마음으로 박수를 보내며 응원의 댓글도 남기게 되지요? 이런 멋진 사람이 되려면 먼저 좋은 심성, 좋은 성품을 길러야 합니다.

생각할수록 청소년 시기에 갖는 꿈과 세계관과 가치관, 마음가짐 등은 무척 중요한 것 같습니다. 하지만 요즘 청소년들은 학업에 대한 부담 때문에 인성과 세계관에 대해 깊이 생각해

볼 시간조차 없습니다. 사실 당장 영어 단어 하나 더 외우는 것보다 바른 마음가짐과 세상을 보는 시각을 기르는 것이 더 중요한데도 그러지 못하는 현실인거죠. 여러분의 어려움을 너무나 잘 알지만 또 세상의 룰을 모두 무시할 수는 없어서 참으로 안타깝습니다.

가장 중요한 시기에 사이비 과학인 진화론을 가장 많이 배우는 우리 청소년들은 내가 누구인지, 어디로부터 와서 어디로 가는지 고민하고 참된 구원의 방법을 찾는 일을 방해받고 있습니다. 아울러 세상을 살아가는 데 가장 중요한 덕목이자 기술인 마음과 성품을 준비할 시간도 방법도 모르고 바쁘게 시간을 보내느라 몸만 성숙한 어른이 되어 자기 자신과 이웃을 힘들게 하는 경우가 참 많습니다.

습관은 굳어지면 다시 고치기가 어렵습니다. 그래서 인격이 형성되고 자아가 완성되는 청소년 시기, 여러분처럼 때가 덜 묻고 아직 순수한 때에 꼭 챙겨야 할 것이 있는데, 그것이 바로 '좋은 성품'입니다. 그것은 평생을 살아가는 데 도움이 되는 값진 자산이 될 것이기 때문입니다.

> 육체의 훈련은 유익이 적으나 하나님의 성품은 모든 일에 유익하며 현재의 생명과 다가올 생명의 약속을 지니고 있느니라
> (딤전 4:8).

좋은 성품은 우리의 죄성에서 나온 것과는 달리 거룩하게 구별된 본래의 성품, 바로 하나님의 성품입니다. 좋은 성품을 지니게 되면 나와 남에게 유익이 되는 사람이 될 수 있으며, 구원을 약속받을 수 있다고 성경은 말합니다. 하나님의 성품을 지닌 사람이 하나님의 소유가 되는 것은 당연하기 때문입니다.

그리스도인의 삶의 목표인 성령님의 열매는 거창한 능력이나 신비한 은사가 아닙니다. 성령님의 9가지 열매 모두가 인품의 변화라는 것을 잊으면 안 됩니다.

> 그러나 성령의 열매는 사랑과 기쁨과 화평과 오래 참음과 부드러움과 선함과 믿음과 온유와 절제니 이 같은 것을 대적할 법이 없느니라(갈 5:22-23).

이 책에서는 10가지 성품에 대해 알아볼 것입니다. 어떤 것은 심성에 관한 것이고, 어떤 것은 스스로 갖추어야 할 덕목에 관한 것입니다. 이 책을 통해 10가지 성품을 배우고 익히면서 세상의 소금과 빛이 되는 사람들로 성장하길 바랍니다.

저는 프리랜스 일러스트레이터이자 작가로 창조과학과 진화론 비판, 성경과 종말론, 연애와 결혼, 글쓰기와 관련한 책들을 펴내고, 강연을 하기도 합니다. 제 블로그에는 많은 자료들이 있으니 방문해서 참고하세요. www.woogy68.blog.me

 이 책은 성경에 비추어 신중하게 썼지만 어떤 이야기들은 꼭 100%의 정답이 아닐 수도 있습니다. 그런 부분은 여러분처럼 어린 시절을 지나온 한 어른의 따스한 충고로 생각하시고, 성경에 비추어 바른 판단을 할 수 있도록 곰곰이 생각하면서 읽어 보고 마음에 새긴다면 좋겠습니다.

자, 이제 함께 생각하고 고민해 볼 시간입니다. 『1318 성품 스쿨』에 오신 것을 환영합니다.

2015년 3월 김재욱

INTRO

성격은 타고나지만 성품은 만들어진다.
실력보다 중요한 '기본 성품'을 먼저 갖추자!

자, 이제 본격적인 이야기에 앞서 가장 기본적인 이야기를 하고 시작합시다. 집을 세우기 위해 기초공사를 하는 것처럼 말이지요.

사람에게는 타고나는 것과 길러지는 것이 있습니다. 선천적인 것과 후천적인 것이 있다는 말입니다. 선천적인 것은 성격이나 기질 등이겠지요. 후천적인 것은 사고방식이나 태도 같은 것일 텐데요. 이 두 가지를 명확히 구분하기란 사실 어렵습니다. 선천적인 성격에 후천적인 성품이 더해져 사람의 인격과 정체성이 형성되는 것이라고 할 수 있을 것입니다. 그래서 사람은 계속 조금씩 변하면서 살아가는 것이기도 합니다.

사실 사람을 변화시키는 것은 매우 힘듭니다. 그렇다고 아주 불가능한 것도 아니지요. 그러므로 성품이 굳어지기 전에 조금이라도 개선할 수 있다면 고치려고 노력해야 할 것입니다. 여러분은 지금 어른이 되어가는 시기이므로 아직 늦지 않았습니다. 가장 먼저 모든 성품보다 중요한 기본적 소양, 사람이 가장 기본적으로 갖추어야 할 상식에 대해 돌아보겠습니다.

세상을 함께 살아가려면 기본 소양이 필요하다

세상은 혼자 살아갈 수 없습니다. 하나님은 처음부터 첫 사람 아담이 혼자 살도록 하지 않으시고 배필을 주셨으며 온 땅을 다스리며 다산하고 번성하라는 명령을 주셨습니다. 더불어 함께 살라는 뜻입니다.

영화 「캐스트 어웨이」는 한 국제 화물 택배 회사 직원이 여객기 사고로 무인도에 표류하면서 생긴 이야기를 그리고 있습니다. 주인공은 주인 잃은 택배 물건들을 도구 삼아 오랫동안 그 섬에서 살게 됩니다. 피겨 스케이트 슈즈로 코코넛을 자르고,

썩은 이도 빼고, 하늘거리는 무용 드레스로 그물을 만들어 고기도 잡습니다. 그러나 외로움은 그 무엇으로도 해결할 수 없었습니다.

 그러던 어느 날 피 묻은 손으로 배구공을 잡았다 던졌는데, 배구공에 남겨진 손자국 모양이 마치 사람 얼굴같이 보였습니다. 그래서 거기에 눈을 그려 넣고는 배구공에 박힌 '윌슨'이라는 브랜드를 이름 삼아 '윌슨'이라고 부르며 수년 간 곁에 두고 대화를 합니다. 그렇게 무려 1,500일을 버티고 버텼지만 결국 외로움을 견디지 못해 죽음을 각오하고 뗏목을 만들어 섬을 떠나려 합니다. 길을 나선 주인공은 그만 유일한 말 상대였던 배구공 '윌슨'을 놓쳐 물살에 떠나보내고 맙니다. 그는 깊은 슬픔에 빠져 눈물로 절규합니다.

 "윌슨~~ 윌슨~~ 미안해, 윌슨!"

 이처럼 사람은 다른 누군가와 함께 협력하며 살아가는 존재이고, 혼자서는 삶의 의미를 느낄 수 없는 존재입니다. 그런데 세상을 함께 살아가려면 기본적인 상식이 있어야 됩니다. 그런 책임을 지기 싫은 사람은 혼자 무인도로 가야겠죠? 어떻게 살든 자기 자유지만 그것이 타인이나 사회에 영향을 미친다면 그때부터

는 책임이 따르는 것입니다. 자신만 생각해서는 안 됩니다.

> 각 사람이 자기 일들만 돌아보지 말고 각 사람이 남의 일들도 돌아보라(빌 2:4).

세상에는 세 부류의 사람이 있습니다. 남에게 도움을 주는 사람, 자기 몫 정도는 하는 사람, 남의 도움을 받아야 살 수 있는 사람입니다. 장애인이나 극빈층, 소외 계층 등은 당연히 나머지 사람들의 도움을 받으며 살아가야 합니다. 평범한 사람은 열심히 자기 몫을 하도록 노력해야 합니다. 그 노력은 일을 해서 세금을 내는 것, 공중도덕을 잘 지키는 것, 법을 위반하지 않는 것 등입니다. 남에게 도움을 주는 사람들은 여기에서 한발 더 나아가 자기 것의 일부를 떼어 기부를 하고, 사회봉사나 시민운동을 하며, 더 큰 사업을 해서 더 많은 세금을 내기도 합니다.

여러분은 사회의 정식 일원이 될 것입니다. 그때 어떤 사람이 되어 있어야 할까요? 최소한 자기 일은 해내는 사람, 사회에 물의를 일으키거나 민폐를 끼치지 않는 사람, 없는 것보다는 함께 있는 것이 나은 사람이 되어야 할 것입니다. 그런 때를 위해 기본 소양을 갖추는 일이 필요합니다. 그것은 대단한 일이 아니고, 여러분이 이미 아는 것들입니다. 내 취미, 내 학업,

내 사람, 내 소유만 챙기려 하지 말고, 사회 전체를 돌아보며 그들에게 도움이 되는 사람으로 살 준비를 해야 합니다. 크리스천은 더욱 그런 의무를 가지고 있습니다.

우리 크리스천은 세상에서 빛과 소금 같은 존재가 되어야 합니다. 세상을 비추는 빛으로 오신 주님을 선포하여 사람들을 살리고, 음식에 꼭 필요한 소금처럼 이웃의 필요를 채워 줘야 합니다. 빛과 소금은 영과 육의 필요를 모두 뜻한다고 볼 수 있겠지요.

바른 생각을 할 줄 아는 사람이 되자

기본적 소양을 갖추려면 먼저 바른 사고를 할 줄 알아야 합니다. 세상의 많은 불합리한 일들이 바로 기본의 부재 때문에 생깁니다.

학생들을 알바생으로 고용하면서 최저임금도 주지 않고 일자리를 주었다는 이유로 오히려 당당한 어른들도 있습니다. 이런 사람들은 균형 잡힌 사고가 부족한 이기적인 어른들입니다.

또 큰돈을 벌어 세금을 내고 많은 직원들을 고용한다는 이유로 교만해지고 아랫사람들을 우습게 보며 함부로 대하는 이들, 법을 위반해 더 많은 돈을 끌어모으는 사람들도 감사할 줄 모르고 자기밖에 모르는 사람들입니다. 어떤 기업이 성장한 것은, 그들이 만든 생산물을 소비하고 지지해 준 사용자가 있었기 때문
입니다. 그래서 생각이 깊고 성숙한 사람들은 자신이 취한 이익의 일부를 사회에 환원합니다.

가난에 허덕이는 사람들의 경우, 물론 더 열심히 노력해야겠지만 반드시 게을러서 혹은 능력이 부족해서 사회에서 남의 도움으로 살아가는 것만은 아닙니다. 가난이 대물림되고 가난의 굴레를 벗어나기 힘든 여러 가지 구조적 한계, 불의의 사고나 사회 안전망의 미비 등도 빈곤의 악순환을 부추기는 이유가 되기도 합니다.

다 같이 행군을 하면 여러 이유로 뒤처지는 사람들이 있습니다. 몸이 약해서, 그날 컨디션이 나빠서, 여자라서, 짐이 많아서, 경험이 없어서…. 그러면 주위 사람들이 도와야 할 때가 있습니다. 그러다 보면 도착 시간이 늦을 수도 있지요. 그렇다고 제일 앞선 사람들의 속도에 맞춰야 할까요?

낙오되는 사람들에게 사정이 있지만 고의적인 것이 아니므로 그들도 피해자입니다. 그 모든 걸음을 평균 낸 것이 그 사회의 걸음걸이입니다. 뒤처지면 돕고, 앞줄에 서면 기다려 주고,

낙오되는 사람들은 미안한 마음으로 힘을 내고…. 그것이면 충분한 것입니다. 한 치 앞도 모르면서 자기가 지금 앞서 있다고 뒤에 오는 사람들을 비웃는 것은 천박한 태도입니다.

우리에게는 사회를 다각도로 이해하는 태도가 필요합니다. '나만 잘 살면 된다, 나만 아니면 된다'는 이런 생각들은 하나님이 기뻐하시지 않는 생각입니다. 비인간적인 생각은 그릇된 세상 철학과 진화론에서 나옵니다. 그런 사상들은 인종차별주의와 특정 민족 우월주의를 낳아 사회의 약자들을 골칫거리로 여기고 제거 대상으로 분류합니다. 인간이 하나님의 성품으로 귀하게 창조되었다면 그렇게 생각할 수 없겠지요. 모든 것이 물질이며 먼지 덩어리로부터 진화하는 것이라 믿고, 진화를 방해하는 열등한 존재들을 없애는 것은 진화론의 악한 본질이기도 합니다. 이런 생각에 속지 않고 세상을 바라보는 것이 인간이 갖춰야 할 기본 덕목입니다.

'나 하나쯤 어떠랴' 하는 생각을 버리자

세상에는 자신과 타인을 함께 볼 줄 아는 사람도 많지만 자기밖에 모르는 사람도 꽤 많습니다. 열 명 중 한 명만 상식을 모르고 살아도 대한민국에 500만의 인구가 남에게 피해를 주면서 살고 있다는 뜻이니까 결코 적은 수가 아니지요. 여러분은 어떤가요? 여러분의 가족과 친구들 중에도 세상의 상식은 나 몰라라 하며 못되게 살고 있는 이른바 '진상'은 없습니까?

사람이 세상의 모든 법을 지킬 수는 없습니다. 하지만 '나 하나쯤 어떠랴' 하는 생각은 버려야 합니다. 보통의 사람들은 자기가 씹던 껌을 길에 뱉지 않습니다. 종이에 싸서 휴지통에 버리든지, 휴지통이 없으면 자기 주머니에 넣을 것입니다. 그런데 걸을 때 보도블록을 한번 내려다보세요. 정말 많은 껌 자국이 있을 것입니다. 행인의 수에 비해서는 아주 소수지만 누군가는 아무렇지 않게 사람들이 다니는 길에 껌을 뱉고 갔다는 뜻이겠지요. 이렇게 조금만 살펴보면 담배꽁초를 차창 밖으로 던지거나 아무데나 침을 뱉는 사람을 쉽게 찾아볼 수 있습니다. 정말 못 말리는 사람들입니다.

대인 관계에 있어서도 기초 질서 같은 것이 있습니다.

- 자기보다 어른이나 예의를 지켜야 할 관계에서는 통화 후 전화를 먼저 끊지 않기.
- 어른이 귀가하시면 무슨 일을 하다가도 잠깐 나와 보기.
- 욕실에서 물을 잘 내리고, 나와서는 전등을 끄기.
- 어떤 문을 열고 들어갈 때 뒤에 오는 이가 없는지 살피고 사람이 있으면 문을 잠시 잡아 주기.

이런 사소한 일들을 지킬 줄 아는 사람이 되어야 합니다. 모든 일을 누가 가르쳐 줄 수는 없겠지요. 하지만 아무리 공부를 잘해도 이런 것에 생각이 미치지 못하면 사회에 잘 적응하고 자기 몫을 하기가 쉽지 않을 것입니다.

세상을 살 때는 남과 나를 공평하게 고려하여 지혜롭고 원만하게 모든 일을 생각할 줄 알아야 합니다. 그러려면 다른 사람을 이해할 수 있는 다양한 경험이 필요하고, 공감 능력도 있어야 하며, 남을 너그럽게 생각해 줄 마음의 여유도 있어야겠지요. 너무 지킬 것, 해야 할 것이 많다고요? 하나님을 경외하는 사람은 다른 사람도 존중하고 사랑합니다. 먼저 하나님을 따르는 겸손한 마음을 가지면 저절로 가능한 것들입니다.

타인에 대한 민감하고 세심한 마음을 가지자

기본적 소양은 남에게 피해를 주지 않는 사람이 되는 것입니다. 우리는 생활 속 작은 행동들을 통해 기본 성품을 실천할 수 있습니다.

엘리베이터를 타고 갈 때는 사람들이 다 탔는지 확인하고 문을 닫는 일이나 누가 같이 타고 가자고 달려오지는 않는지 살필 필요가 있습니다. 꼭 누굴 위해서라기보다는 나도 그런 일을 겪어 다른 사람의 도움을 받을 수 있는 것이니까 기분 좋게 하는 것이 좋겠지요. 함께 타고 가면 에너지도 절약할 수 있습니다.

요즘 스마트폰으로 사진을 찍는 일은 정말 흔한 모습이지요. 그런데 야외에서 촬영하다 보면 지나가는 행인을 찍는 일이 생길 수 있는데 주의해야 합니다. 또한 다른 이들이 사진을 찍고 있으면 그 사이를 지나가지 않는 것, 모르고 방해하게 됐으면 미안하다는 표시를 하는 것 정도는 기본 매너입니다.

그밖에도 사람들이 다니는 길을 막고 서서 대화를 하거나 우측 보행 표시가 있는 곳에서 굳이 왼쪽으로 다니는 일, '당기시오'라고 적힌 문도 무작정 밀어젖히는 일, 좁은 지하철에서 두툼한 백팩을 계속 뒤로 메고 서 있는 일 등 우리 일상에는 사소하지만 지켜주면 모두에게 덕이 되는 일들이 참 많습니다.

어떻게 이 많은 것들을 다 지키며 사느냐고요? 물론 다 지킬 수는 없습니다. 다만 너무 무신경하게 살지는 말자는 것이지요. 무심한 사람은 정말 대책이 없습니다. 하나님의 사람은 조금 민감해야 합니다. 하나님으로부터 오는 세미한 음성에도 귀를 기울이고, 이웃의 신음도 감지할 수 있는 사람이어야 합니다. 구원받은 사람은 성령님이 집으로 삼고 사는 사람이며, 그때부터는 자기가 사는 것이 아니라 자기 안에 예수 그리스도께서 사시는 것입니다(갈 2:20).

이런 사람은 양심의 소리와 안팎의 소리들을 듣지 않을 수 없습니다. 이런 소리는 거창한 것이 아닙니다. 신비한 체험도 아닙니다. 그냥 생활 속에서 자기 기본을 지키며 열심히 살도록 자신을 지키는 소리입니다.

기본과 원칙을 지키자

Back to bagic! 기본은 정말 중요한 것입니다. 세상에서 불법을 저지르는 사람들, 악덕 기업주나 일부 비리 정치인 등이 가장 두려워하는 것은 자신들을 제재하는 새로운 법이나 조치가 아니고, '원칙'입니다. 워낙 많은 편법을 동원하고 법의 사각지대를 요리조리 피해 악한 일을 하는 사람들이기 때문에 법대로 기본을 지키는 것이 오히려 큰 두려움이 됩니다. 우리 모두가 기본만 지켜도 훨씬 편안한 세상을 만들 수 있습니다. 무심하지 않고 항상 주의하는 것, 이것이 성경의 가르침입니다.

> 그런즉 너희는 주의하여 어리석은 자가 아니라 지혜로운 자로서 조심스럽게 걸어 시간을 되찾으라. 날들이 악하니라(엡 5:15-16).

성경은 여러 곳에서 하나님의 명령을 '주의해서' 지키라고 말씀하고 있습니다. 주의하지 않는 사람은 어리석은 자입니다. 삶에서도 기본을 지키지 않으면 많은 어려움이 생깁니다.

길에서 자동차로 사람을 치는 일은 어떤 경우에도 운전자의 잘못이 있습니다. 그러나 어두운 길에서 검은 옷을 입고 무단횡단을 하다가 사고를 당했다면 그 사람에게도 책임이 있습니다. 그런 불법행위를 하지 않았더라면 서로 좋았을 일인데, 운전자에게는 큰 피해를 준 결과가 됐습니다. 큰 부상이나 사망 사고가 난다면, 본인은 불법의 대가로 그리 되는 것이지만 어쩌다 그곳을 지나던 운전자의 인생까지 크게 망치는 일이 된다는 것입니다.

여러분은 세상의 빛으로 사는 준법 시민이 되기 바랍니다. 예수님을 팔았던 가룟 유다는 차라리 세상에 나지 않았더라면 좋았을 사람이라는 평가를 받았습니다. 그가 최소한의 양심만 있었어도 그런 엄청난 일은 저지르지 않았을 것입니다. 우리는 누가 봐도 안 태어난 것보다는 태어난 것이 다행인 사람, 남에게 기쁨이 되는 사람, 최소한의 자기 역할은 하는 사람이 되어야겠습니다.

기본적으로 갖추어야 할 상식과 소양은 사회인이 가장 먼저 챙겨야 할 성품이라는 것을 늘 기억하면서, 이제 본격적인 성품 여행을 떠나 볼까요?

추천사
o

실력만 갖춘 사람이 아닌
성품이 준비된 사람

　　　　오늘날 청소년들은 입시 사교육의 경쟁 속에서 다른 사람을 딛고 일어서는 것을 성공이라고 배웁니다. 그들은 또한 미디어의 영향력 속에서 자신의 욕망과 재미에만 반응하는 것에 길들여지고 있습니다. 한마디로 말해 그들의 환경은 좋은 성품을 갖추기에 너무나 열악합니다.

　이것은 다름 아닌 어른들의 잘못입니다. 많은 어른들이 성공의 기술에는 관심을 쏟지만 무엇이 참된 성공인지에 대해서는 별로 관심이 없습니다. 지도자가 되기 위해 내면의 세계를 가꾸고 인성을 갖추려 하기보다, 외모에 신경을 쓰며 자신의 욕심을 채우고 야망을 이루기에 급급합니다.

　저는 청소년들이 어린 시절부터 예수님의 성품을 닮고 하나님의 말씀에 기초한 지혜를 가진 자가 되길 바라면서 그들에게 기독교 세계관을 가르치고 있습니다. 좋은 모델이 되어 주지 못하는 어른의 한 사람으로서 미안한 마음으로, 그래서 그들이 어릴 때부터 잘 준비되어서 지금의 어른들보다 더 멋진 어른들이 되길 바라는 마음으로 청소년들을 섬기고 있습니다. 이런 점에서 김재욱 작가와 저는 동일한 마음을 가진 어른이 라는 생각이 듭니다.

점점 세상에서 실력만 갖춘 사람이 아닌 성품이 준비된 사람을 찾고 있습니다. 무엇보다 하나님께서 좋은 성품을 갖춘 일꾼들을 찾고 계십니다. 하나님의 말씀을 경청하고, 하나님의 관점으로 옳고 그른 것을 분별하며, 예수님의 제자답게 생각하고 순종하는 삶을 살아가는 성품의 사람들을 통해 하나님의 사랑과 축복이 세상 곳곳에 가득하게 될 것입니다. 아무쪼록 이 책이 예수님의 성품을 닮아 가는 청소년들이 많아지는 데 큰 도움이 되길 바랍니다.

유경상 _ CTC 기독교세계관 교육센터 대표

추천사

하나님의 성품을 닮은
아이들을 기대하며

　　10대 청소년 범죄가 갈수록 흉악해지고 있다는 소식이 들려옵니다. 아이들의 인성과 성품보다는 높은 점수, 좋은 대학만을 우선시하고 생각할 기회조차 주지 않는 주입식 위주의 교육이 우리 아이들을 이렇게 만들지는 않았나 생각해 봅니다. 또한 이런 모습들을 보며 하나님의 성품을 닮도록 창조된 인간이라도 바르게 교육하지 않으면 제대로 살아갈 수 없음을 절감합니다.

　그래서 성품과 가치관이 굳어지기 전인 청소년 시기에 성경을 비롯한 좋은 책과 좋은 선생님을 통해 아이들이 인품과 인성을 다듬을 기회가 필요한 것 같습니다. 청소년들이 하나님을 닮은 성품들을 배우고 익힌다면 우리 사회와 환경은 더욱 밝아지고 따뜻해지지 않을까요?

제가 맡고 있는 방송 프로그램을 통해 인연을 맺게 된 김재욱 작가는 그리스도인들에게 유익한 책들을 여러 권 집필하신 분입니다. 이번에 출간되는 『1318 성품 스쿨』도 좋은 인성 그리고 이웃과 함께 살아가는 사람으로서 반드시 갖추어야 할 덕목들을 그림과 함께 재미있고 친절하게 설명하고 있는데요. 부디 이 책이 널리 읽혀 우리 아이들이 하나님의 자녀, 또 사회인으로서의 역할을 잘 감당하는, 칭송받는 그리스도인들로 자라날 수 있었으면 좋겠습니다. 기쁜 마음으로 이 책을 추천합니다.

박여명 _ C채널방송 아나운서

CONTENTS

프롤로그 • 4
인트로 • 8
추천사 • 20

01 경청　LISTENING CAREFULLY
잘 들어주는 것으로부터 소통은 시작된다!　• 26

02 말하기　SPEAKING
먼저 고운 말로 시작하자!　• 40

03 분별력　DISCERNMENT
생각할 줄 아는 힘, 바른 판단력은 어떻게 생길까?　• 54

04 선함　GOODNESS
착해도 손해 보는 게 아니야!　• 68

05 사랑　LOVE
사랑 없는 세상, 상상도 할 수 없어!　• 86

06 절제　**ENDURANCE**
　　　　　하고 싶은 대로만 살면 행복할까?　• 98

07 온유　**GENTLENESS**
　　　　　무조건 화를 참지 말고, 조절하는 법을 배우자!　• 110

08 배려　**CONSIDERATION**
　　　　　내가 바라는 만큼 남에게도 베푸는 따뜻한 마음　• 126

09 칭찬　**COMPLIMENT**
　　　　　칭찬의 효과 & 칭찬의 역효과　• 140

10 시간약속　**GOOD TIMEKEEPER**
　　　　　시간을 관리하지 못 하면 아무것도 할 수 없어!　• 152

에필로그　• 174

01.
LISTENING CAREFULLY
경청

잘 들어주는 것으로부터 소통은 시작된다!

● LISTENING CAREFULLY

입이 하나인데 귀가 두 개인 이유는,
말하는 것보다 두 배로 더 들으라는 뜻이지요.
실제로 듣는 것은 아주 중요한 일인데,
사람들은 자기 생각을 말하고 표현하는 것에 더 열중하곤 합니다.
그러나 먼저 잘 듣지 않고 성급히 자기 말을 앞세우면
바람직한 소통이 되지 않습니다.

성경은 여러 번 '귀 있는 자는 들으라'고 말씀합니다.
이것은 마음을 열라는 뜻입니다.
귀는 누구에게나 있지만 모두가 듣지는 않기 때문에
이런 말씀이 있는 것입니다.

하나님의 말씀은 물론이고,
학교 선생님의 수업도, 인터넷 강의도, 듣기 평가 문제도
먼저 잘 들어야 합니다.
우리는 듣는 것만으로도 하나님을 기쁘시게 할 수 있고,
부모님께 큰 효도도 할 수 있으며
절망한 사람에게 희망을 줄 수 있습니다.

LISTENING CAREFULLY
경청

1. 듣기에는 참을성이 필수!

흔히 한국말은 끝까지 들어 봐야 한다고 합니다. 비단 우리말만 그런 것이 아니라 중간에 섣부른 판단을 하지 말라는 뜻이겠지요. 그러기에 끝까지 듣는 것이 무척 중요하지만 생각처럼 쉽지는 않습니다.

> 문제를 듣기도 전에 대답하는 자에게는 그것이 어리석음이요, 수치니라(잠 18:13).

잠언에도 이런 말씀이 있습니다. 퀴즈 대회에 나가도 일단 문제를 들어야 풀 수가 있습니다. 그런데 먼저 문제를 맞히려는 생각에 중간에 버저를 누르는 사람들이 있습니다. 하지만 이들 대부분은 문제를 맞히지 못합니다. 왜냐하면 문제를 끝까지 듣지 않았기 때문이죠. 문제를 끝까지 듣지 않아 질문의 요지도 정확히 파악하지 못했으니 답을 맞힐 가능성이 낮은 것은 당연한 것이지요. 그러므로 끝까지 다함께 듣고 문제를 푸는 '도전! 골든벨' 형식의 문제가 공정한 게임이라고 볼 수 있겠지요. 아무튼 끝까지 듣는 것이 얼마나 중요한지 늘 생각하고 신중하게 행동해야 합니다.

요즘 사람들은 성격이 급해져서 타인이 이야기를 시작하면 그것을 다 듣기까지 무척 괴로워합니다. 스마트폰과 인터넷의 영향이기도 한데요. 지루하면 바로 끄거나 넘겨 버리는 식으로 남이 말하는 것은 동영상에 버퍼링 현상이 생긴 것처럼 지루해 하고, 긴 얘기는 아예 들으려고도 하지 않거나 재촉을 하기도 합니다. 대개 남의 이야기를 들으면서 내용을 이해하기보다는 자기 생각으로 이미 상대방의 문제를 풀어 가고 있는 경우가 많습니다.

'어휴, 답답해. 내 그럴 줄 알았다니까.'
'그 문제? 내가 다 겪어봤지. 나한테 해결책이 있는데….'
'빨리 말해 주고 싶다. 길게 들어 볼 필요 없이 내가 예상하는 그런 문제가 틀림없어.'
'음…, 다음에 무슨 말을 하려고 하는지 감이 와.'
'들으나마나 뻔한데 빨리 내 의견을 얘기해 줘 버릴까?'

이러면서 상대의 이야기에 집중을 못하고 자기 생각에 빠진다는 것입니다. 그러나 이런 식의 태도는 대화와 소통에 전혀 도움이 되지 않고 방해만 됩니다. 지금 내 생각은 중요하지 않습니다. 말하는 사람의 생각을 파악하고 일단 그 말을 귀에 담는 습관을 들이는 것이 좋습니다. 말한 사람이 조언이나 해답을 구할 때 함께 머리를 맞대고 답을 생각해보는 것이지, 말이 끝나기도 전에 내 해답을 준비할 필요는 없습니다. 상대방은 그저 말하고 싶을 뿐이지 답을 구하는 것이 아닐 수도 있으니까요.

물론 분주한 세상에서 남의 이야기를 차분히 듣기는 쉽지 않습니다. 그렇지만 내가 무슨 이야기를 할 때 상대방이 딴짓을 하면 불쾌하겠지요. 그런 마음으로 서로 존중하면 이야기를 듣는 참을성이 생길 것입니다. 이야기를 들을 때는 시선을 바라보면서 공감을 표하고, 잘 알아들었다는 표시를 해 주는 것

이 좋습니다. 나는 알아서 들을 테니 말하라며 스마트폰에 시선을 주거나 다른 일을 하는 것은 아무리 친한 사이라도 예의에 맞지 않는 행동입니다. 젊은이들은 메신저로도 많은 대화를 하지만 대화는 단지 말의 내용만으로 충분하지 않습니다. 또 글자로는 아무리 많은 말을 해도 다 전달하기 어려운 부분이 있기 때문입니다.

과거에 비해 정말 많은 소통의 수단이 생겼지만 사람들은 점점 더 자기 이야기를 들어줄 사람을 잃고 외로워지며 군중 속에서 고독해 하고 있습니다. 남의 이야기를 잘 들어주는 것은 사람을 살리는 일이 될 수 있습니다. 여러분은 친구들의 마음을 잘 헤아리고 위로를 주는 사람이 되기 바랍니다. 그 시작은 듣기를 잘하는 것이고요. 잘 듣는 습관의 기본은 참을성이랍니다.

2. 하나님의 말씀도 일단 잘 들어야

우리는 크리스천이라면서 하나님의 말씀도 건성으로 듣는 일이 많습니다. 내 기준, 내 희망 사항, 내 부족한 지식을 배경으로 내가 원하는 결론을 기대하며 말씀을 받아들이는 일이 많기 때문입니다. 일단 그 말씀이 무슨 의미를 지니고 있는지 알기도 전에 나한테 어떤 이득이 있을지 적용하려 하거나 파악하기에 급급할 때도 많습니다. 나에게 적용하는 것이 중요하지 않다는 의미가 아니라 순서가 뒤바뀌었다는 뜻입니다. 일단 들어야 합니다. 성경은 많은 곳에서 '들으라', '들으라'고 자주 강조합니다.

성경에는 예수님을 대접한 마리아와 마르다 이야기가 있습니다. 언니인 마르다는 집에 찾아오신 예수님을 대접하기 위해 분주히 일을 했고, 마리아는 주님의 말씀을 잘 경청하고 있었습니다. 마르다는 자기만 일하는 것이 불만이었습니다. 마르다가 예수님께 말씀드립니다.

> 주여, 내 동생이 나 혼자 섬기게 내버려 두는 것을 돌아보지 아니하시나이까? 그런즉 그녀에게 명하사 그녀가 나를 돕게 하소서(눅 10:40).

마르다의 이야기가 부당한가요? 맞는 것 같죠? 그런데 이어지는 말씀에서 예수님은 마르다보다 마리아를 칭찬하십니다. 먼저 말씀을 잘 듣는 것이 일하는 것보다 중요하다는 것입니다. 교회 봉사도 중요하지만 먼저 말씀을 새겨듣는 것이 중요합니다.

마르다의 일은 말씀을 듣고 해도 늦지 않는 것입니다. 예수님은 사람들 사이에서 머리 둘 곳이 없다고 하셨습니다. 제자들도 있고 따르는 무리도 많았던 예수님이 그렇게 말씀하신 이유는, 사람들이 자기에게 열광하며 무언가 요구하고, 필요한 것을 달라고는 하지만 진정으로 마음을 열고 들어주는 사람은 많지 않기 때문이 아니었을까요? 우리 예수님은 십자가에서 인류의 죄를 제거하는 어린양으로 바쳐져야 하는 제물이었습니다. 그런 엄청난 일을 앞두고 있었지만 사람들은 주님께 힘센 왕, 슈퍼맨을 기대하고 있었습니다. 예수님은 가까운 이들로부터도 이해받지 못하는 답답함으로 귀를 열고 들어줄 사람을 찾으셨을 것입니다. 그 때문에 예수님께 필요한 것은 육신을 위한 대접보다는 진심어린 경청이었을지 모릅니다.

3. 듣는 것만으로도 마음이 치유된다

정신과 의사는 어떤 치료보다 환자의 말을 먼저 들음으로 마음을 어루만집니다. 유명한 정신과 의사는 환자의 이야기를 들어주는 것으로 비싼 진료비를 받습니다. 사람들은 이야기를 함으로써 마음에 담긴 응어리를 풀고 치유를 받습니다. 의사는 그의 이야기가 엉뚱한 곳으로 가지 않도록 잘 컨트롤하면서 마음 속의 상처를 끄집어낼 수 있게 유도하는 것입니다.

이처럼 잘 들어주는 일은 매우 귀한 일입니다. 사회에서 소외된 독거노인 같은 분들도 말동무를 필요로 하는 이유가 바로 그런 것입니다. 마음에 쌓인 한을 풀어 주는 것은 약이나 많은 돈이 아니라 자기 목소리에 귀를 기울여 줄 한 사람인 것이지요. 그들은 껍데기만 풍요로운 이 세상에서 머리 둘 곳이 없는 분들입니다. 일부 지방자치단체에서는 그런 분들을 위해 말동무 봉사원을 보내기도 하고, 글쓰기를 가르쳐 서툴지만 자기 이야기로 책을 내도록 돕습니다. 들어줄 사람들을 두어 외로움을 달래게 하고, 마음의 응어리를 풀어 드리려는 시도인 것입니다.

하나님의 말씀에 귀를 기울이는 것도 상처와 죄악뿐인 내가 온전해지는 첫째 조건입니다. 하나님이 내게 무엇을 바라시는지, 무엇을 기다리시고 무엇을 주기 원하시는지 알아야 나의 삶이 달라지고 제대로 설 수 있습니다. 성경 말씀을 읽을 때 우선은 그냥 다 받아들이고 내용을 파악하세요. 분석하고, 예상하고, 넘겨짚고, 어떻게 이용할까 생각하지 말고, 그냥 단순하고 담백하게 읽으면 됩니다. 내가 무엇을 할지는 그 말씀이, 우리 안의 성령님이 알려 주실 것입니다.

우리에게 가장 중요한 믿음은 보는 것이나 느끼는 것으로 생겨나지 않습니다. 하나님의 말씀을 잘 들을 때 주님으로부터 오는 것입니다.

> 그런즉 이와 같이 믿음은 들음에 의해 오며 들음은 하나님의 말씀에 의해 오느니라(롬 10:17).

4. 들은 것을 잘 전달하기

사람의 귀는 정확할까요? 사람의 눈, 사람의 뇌는 정확할까요? 그렇지 않습니다. 첫 사람인 아담과 이브가 살던 에덴동산에서도 이야기는 왜곡되어 전달됐습니다. 분명히 들었는데 왜 다르게 기억하고, 다르게 전달할까요? 그것은 사람의 욕심이 그 정보를 교란시키기 때문입니다.

창세기 2장에서 하나님은 선악을 알게 하는 나무 열매, 즉 선악과를 먹는 날에는 죽는다고 하셨습니다.

> 선악을 알게 하는 나무에서 나는 것은 먹지 말라. 그 나무에서 나는 것을 먹는 날에 네가 반드시 죽으리라(창 2:17).

그것을 먹으면 인간에게 죽음이 임해 언젠가는 사망하게 되고, 마귀의 소유가 되어 지옥에 가게 된다는 뜻입니다. '반드시 죽으리라'는 표현은 다른 오해의 여지가 없는 명백한 표현이지요. 그런데 창세기 3장에서 뱀은 교묘하게 이브를 유혹하며 묻습니다.

> 참으로 하나님께서 말씀하시기를, 너희는 동산의 모든 나무에서 나는 것을 먹지 말라, 하시더냐?(창 3:1)

뱀의 유혹은 '참으로'와 '모든'입니다. 하나님이 정말 그랬느냐고 자극하는 것이지요. 그리고 아무것도 못 먹게 했느냐고 도전하는 것입니다. 이 물음에 이브는 자기가 들은 것을 조금 다르게 말합니다.

우리가 동산의 나무들의 열매는 먹어도 되나 동산의 한가운데 있는 나무의 열매에 관하여는 하나님께서 이르시되, 너희는 그것을 먹지도 말고 만지지도 말라. 너희가 죽을까 염려하노라, 하셨느니라(창 3:2-3).

무엇이 달라졌지요? 하나님이 언제 '만지지도 말라'고 하셨나요? 그리고 '반드시 죽으리라'가 '죽을까 염려하노라'로 바뀌었습니다. 그러자 마귀는 기다렸다는 듯이 말합니다.

너희가 절대로 죽지 아니하리라. 너희가 그것을 먹는 날에 너희 눈이 열리고 너희가 신들과 같이 되어 선악을 알 줄을 하나님이 아시느니라(창 3:4-5).

그 열매를 먹으면 신들처럼 되고, 죽지도 않는다고 속삭입니다. 이브는 이 꾐에 넘어가 자기 남편인 아담에게까지 열매를 주고 먹게 합니다. 이로써 사람은 가장 큰 속임수에 넘어가 타락하게 되었고 에덴의 동쪽으로 쫓겨나게 된 것입니다.

사람은 대개 듣는 정보와 말하는 내용에 자기 생각을 포함시킵니다. 그래서 어떤 이야기를 들으면 마치 뱀에게 속은 이브처럼 거기에서 하나를 빼고 자기 생각 하나를 더하게 됩니다. 우리가 친구들과 나눈 이야기도 전달되면서 엉뚱한 이야기가 되기도 하고, 연예인들의 소식이 완전히 다른 것으로 둔갑하기도 하는 이유가 바로 그 때문입니다. 이런 실수를 하지 않으려면 말수를 줄이는 것도 필요하지만 우선 잘 듣는 것이 중요합니다. 항상 귀를 열고 정확히 들으며 또 정확히 전달하는 사람이 되어야 합니다. 지금 당장 실천해 보세요. 달라진 나와 남을 발견할 것입니다.

02.
SPEAKING
말하기

먼저 고운 말로 시작하자!

● SPEAKING

언어는 소통의 가장 큰 도구입니다.
언어는 인간에게만 허락된 유일한 도구입니다.
그러나 진화론자들은 인간이 원숭이에서 진화됐으며
그 진화 과정에서 언어가 가능하게 됐을 것으로 추정합니다.
그 이야기들은 아무런 근거가 없으며,
인간 외에는 언어를 사용할 수 있는
구조나 이성이나 능력을 지닌 존재도 전혀 없습니다.

원래 인간은 언어를 가지고 하나님과 소통했으며
그 언어는 한 가지뿐이었습니다.
그러나 노아의 홍수 이후에 나타난 니므롯이 사람들을 동원하여
바벨탑을 쌓아 다시는 홍수에 파멸되지 않겠다며
하나님을 대적했을 때,
하나님은 그들 무리를 저지하기 위해 언어를 여러 개로 흩으셨고,
인간은 뿔뿔이 흩어져 온 세상으로 퍼져 나갔습니다.
그들은 다양한 민족을 이루며 각기 다른 말을 쓰게 되었고
오늘날에 이른 것입니다.

SPEAKING
말하기

1. 언어의 양면성을 잊지 말자

바벨탑에 관한 성경 기록입니다.

주께서 사람들의 자녀들이 세우는 도시와 탑을 보려고 내려오시니라. 주께서 이르시되, 보라, 백성이 하나요, 또 그들이 다 한 언어를 가지고 있으므로 이 일을 하기 시작하니 이제 그들이 하려고 상상한 어떤 일도 막지 못하리라. 자, 우리가 내려가서 거기서 그들의 언어를 혼잡하게 하여 그들이 서로의 말을 알아듣지 못하게 하자, 하시고 이처럼 주께서 거기서부터 그들을 온 지면에 널리 흩으셨으므로 그들이 그 도시 세우기를 그쳤더라 (창 11:5-8).

그러면 언어가 혼잡하게 되는 것이 왜 재앙일까요?

사람들은 서로 소통이 되지 않아 애써 쌓아올리던 탑을 버려두고 뿔뿔이 흩어집니다. 그들은 황무지 같은 땅으로 나아가 생존해야 했습니다. 아마도 가장 작은 공동체인 가족 단위로 떠났을 것입니다. 가장 무서운 재앙은 그들이 하나님과 더 이상 대화를 할 수 없게 되고 그분의 계시가 단절되는 것이었습니다.

 인류는 에덴동산의 죄 때문에 죽게 된 운명입니다. 그들에게는 단 하나의 소망, 즉 메시아를 보내 주신다는 약속만이 남아 있었습니다. 이것을 기다리는 자들, 그 약속을 믿는 자들만이 구약시대에 구원을 받았습니다. 그런데 언어가 흩어진 이후로는 하나님께서 이스라엘 백성을 택해 말씀하시고 성경 기록을 남기기까지 하나님의 뜻과 메시아에 관한 약속이 단절되어 구원의 길이 막막했던 것입니다.

 그때뿐 아니라 지금도 세상에 존재하는 많은 언어 때문에 성

경도 번역을 해야 읽을 수 있고, 그조차 모든 민족에게까지는 미치지 못하고 있습니다. 한마디면 알 수 있는 일에 우리는 많은 시간을 들이고 해석을 하면서 소통해야 하기도 합니다. 외국어 공부를 하는 데 우리가 받는 스트레스는 또 어떻고요?

언어는 인간에게만 주어진 특권이자 축복임에 틀림없습니다. 그것이 인간의 탁월함이고, 그 때문에 만물을 다스릴 수 있는 것입니다. 언어는 인간이 동물의 한 종류가 아니고 하나님의 형상대로 만들어진 존재임을 입증하는 조건입니다. 그러나 언어를 잘 사용하지 않으면 하나님의 계시를 놓칠 수 있고, 많은 독을 만들어 낼 수 있으며 많은 오해를 불러일으키거나 서로 불화할 수 있음을 명심해야겠습니다.

2. 나쁜 말은 몸도 망친다

청소년이 되면 이제 어른이 다 된 것도 같고 어릴 때처럼 놀면 안 된다는 생각을 갖게 됩니다. 그래서 부모님 말씀도 너무 고분고분 들으면 자존심이 상하고, 너무 범생이(?)처럼 행동하면 고리타분하게 생각되는 그런 면이 있습니다. 어른들도 여러분에게 많은 훈계를 하지만 모두 여러분처럼 그런 시기를 거쳐 왔습니다.

그러면 어른들은 왜 자꾸만 바른 말과 고운 말을 쓰라고 가르치고, 거친 말을 쓰면 야단을 칠까요? 자신들도 그랬으면서 말이죠. 그 이유는, 그런 행동들을 후회하기 때문이며, 자기에게 도움이 되지 않았기 때문입니다. 그래서 다음 세대인 자녀들만은 같은 전철을 밟지 않기를 바라는 마음에서 잔소리를 하는 것이죠.

 일본의 에모토 마사루 박사는 물에 관한 연구로 유명한 분입니다.『물은 답을 알고 있다』라는 베스트셀러는 그의 연구 과정을 담고 있는 책인데요. 물의 결정들을 잘 관찰하면서 물에 특정한 언어를 보여 주거나 들려주었을 때 물이 반응하며 어떤 특이한 형태를 띤다는 사실을 발견했습니다. 이 연구는 매우 조용한 가운데 여러 번의 실험을 거치면서 반복되었다고 하는데요. 사랑과 감사 등의 좋은 언어나 서정적인 클래식 음악에는 육각형의 매우 아름다운 결정을 보였지만, 미움과 살인 등의 단어나 욕

설과 헤비메탈 음악에는 육각의 결정이 파열된 모습을 보였다는 것입니다.

지구의 70%가 물로 이루어져 있고, 인체도 70%는 물입니다. 물은 죽은 물질이 아니고 살아 있는 원자들의 결합이지요. H20, 즉, 수소 2개와 산소 1개가 만나면 물이 됩니다. 원자들은 원자핵 주변을 '- 전기'들이 빠르게 돌고 있는 형태입니다. 이런 계획성을 누가 부여했을까요? 무작위의 우연 발생을 말하는 유물론적 진화론으로는 결코 설명이 불가능한 것입니다. 이런 원자가 세상 모든 것을 이루는 물질입니다. 그중에서도 물은 생명체의 기본적 요소인데요, 이런 인간에게 나쁜 말과 파괴적인 음악을 들려주는 것이 좋은 영향을 미칠리가 없겠죠?

세상이 왜 이렇게 무질서하고 사람들은 포악해지며 제정신인 사람은 점점 줄어드는 것입니까? 마귀는 사람에게 악한 생각과 나쁜 언어, 어둡고 절망적인 것들을 제공합니다. 인간에게 이것이 중독되면 그것은 하나의 시스템이 되어 인간 스스로 파멸합니다. 그중에 언어는 사람을 죽이기도 하고 살리기도 할 정도로 큰 영향을 미칩니다. 바른 말을 사용하고 언어의 규칙을 잘 지킬 때 문화가 발달하는 것은 물론, 사람의 심성도 좋은 쪽으로 자라날 것입니다.

3. 고운 말, 바른 말을 쓰면 갑갑하다?

청소년들의 언어 사용이 많이 오염되어 있음은 여러분이 더 잘 알 것입니다. 시간 단축을 위해 축약된 언어, 특정 집단만 알아들을 수 있는 비속어, 남을 비하하는 욕설과 각종 표현들이 인터넷 공간과 스마트폰 메신저에 가득합니다. 이 모두가 대개는 언어의 바른 발전을 저해하고 사람의 정서에 도움이 되지 않는 것이 사실이지요.

왜 그런 이상한 말들이나 변신하는 언어들은 아름답고 선한 쪽으로 가지 않고 나쁜 쪽으로만 발전할까요? 그것은 인간의 죄성 때문입니다. 일반 사람들은 물론이고 하나님의 자녀에게도 옛사람의 성품이 남아서, 사랑의 말을 할 때도 사람의 눈은 빛나지만, 미운 사람의 험담을 할 때 더욱 반짝이는 것입니다.

이런 사실을 인정하고 바른 말을 쓰도록 자꾸 스스로를 유도해야 합니다. 착하게 말하고 표현한다고 해서 숨 막히고 고루한 것이 아닙니다. 그런 사람이야말로 문화를 살리고 인간을 살리는 사람입니다.

또한 말 한 마디를 대수롭게 생각하면 안 됩니다. 내가 단 악플 하나 때문에 자살하는 사람이 생길 수도 있습니다. 여러 해 전에 자살한 톱 탤런트 최 모 씨는 억울한 소문 때문에 괴로워하다가 그 헛소문을 퍼뜨린 사람과 통화한 후 너무 답답해 충동적으로 목숨을 끊었습니다. 잘못을 했더라도 통화하면서 제대로 된 사과를 하고 조치를 했더라면 그런 불상사는 일어나지 않았을 수도 있습니다.

자살은 치밀하게 계획하는 경우도 있지만 대부분은 충동적으로 벌어집니다. 말이 사람을 살릴 수도 죽일 수도 있다는 것을 잊지 말아야 합니다. 늘 최소한의 예의를 지킨 말, 남을 불쾌하게 하는 말을 자제하는 것은 타인은 물론 나 자신까지 살리는 귀한 습관임을 잊지 마세요.

한편 분명한 발음과 명확한 말의 끝맺음도 중요합니다. 요즘 젊은이들은 말을 또박또박 하는 친구가 많지 않습니다. "네, 맞아요", "아니에요", "그렇습니다" 이렇게 정확히 이야기하세요. 말끝을 흐리면 안 됩니다. "맞는데요…", "아니거든요…", "그런 거 같아요…" 이렇게 말하면서 웅얼거리는 습관이 굳어지면 평생 그렇게 말하게 됩니다. 이런 사람은 대학 입학과 취업 때 면접에서 불리한 점수를 받을 수 있을 뿐만 아니라 인생에서 많은 기회를 놓치거나 손해를 볼 수 있습니다. 성격상 잘 안 될 수도 있지만 최대한 분명하게 표현하려는 노력이 필요합니다.

4. 말은 요술 방망이가 아니다

말에는 힘이 있습니다. 말 자체만으로 능력을 발휘한다는 뜻입니다. 일단 입 밖으로 내뱉어진 말은 어떤 구속력을 지니게 되고 그것이 하나의 법이 된다는 것입니다. 하나님의 말씀 자체가 이스라엘 백성의 율법이 되었듯이, 인간의 말도 특정한 힘을 지니게 되는데요. 쉽게 말해서 여러분의 어머니가 "스마트폰 그만 하고 얼른 자라" 이렇게 말하면 그것이 잔소리이든 아니든 그 순간부터 이 말은 듣는 사람에게 법이 됩니다. 그것을 따르지 않더라도 마음에 부담이 된다는 것이지요. 모든 사람의 말에는 그 무게가 다를 뿐 어떤 힘이 있습니다.

그 때문에 말을 잘 해야 하고, 나쁜 말을 하지 말아야 한다는 것입니다. "대충 해", "이렇게 살다 죽지, 뭐", "미쳐 버리겠네", "아…, 살기 싫다" 이런 말들은 내뱉는 순간 우리의 인생은 그 방향으로 가는 특성이 있습니다. 그래서 좋은 말을 습관화하는 것은 중요합니다. 듣는 사람과 하는 사람 모두에게 좋은 영향을 미치는 사람이 되어야 합니다.

그런데 말의 능력을 너무 확대해석하고 거기에 지나치게 집착해서도 안 됩니다. 「말하는 대로」라는 노래도 있지요. 그런 긍정적인 생각을 가지는 것은 좋습니다만, 아무 노력도 하지 않고 '나는 다 잘 될 거야', '나는 특별해' 이렇게만 반복해서 말하면 다 잘 될까요? 세상 모든 사람이 '말하는 대로' 꿈꾸며 자신에게 마인드 컨트롤을 했는데 왜 일부만 성공할까요? 이것은 말의 능력이라는 함정에 빠진 결과입니다. 말은 짧게, 행동은 길게 해야 하는데, 말만 하고 실천하지 않기 때문에 늘 좋은 말에서 끝나는 것입니다. 말로 다 성공할 수 있다면 무슨 걱정이 있을까요? 말보다는 훈련을 해야 훌륭한 선수가 되고, 말보다는 공부를 해야 좋은 실력을 얻을 수 있는 것이 당연한데도 많은 사람들이 속고 있습니다.

『긍정의 힘』이라는 책으로 유명한 조엘 오스틴(J. Osteen)이라는 사람이 있습니다. 이 사람은 자신의 아버지 교회를 이어받은 목사지만 사실상 목회자로 보기 어려운 사람입니다. 그는 몰몬교를 기독교로 인정할 정도로 무지하며 성경적 복음관이 부족한 사람입니다. 아무튼 그의 긍정 교리는 많은 사람들에게 큰 영향을 주어 이제는 세상 사람들도 긍정의 힘을 말할 정도가 되었습니다. 이런 사상에 좋은 측면이 없는 것은 아니지만, 이는 사실 뉴에이지적인 생각입니다.

이런 사상이 기독교에 들어오게 된 것은 노먼 빈센트 필(N. V. Peale) 박사의 주장이 그 시작입니다. 그는 적극적인 사고방식을 주창한 사람으로 성경보다는 인간의 사고방식을 바꿈으로써 삶의 성공을 이룰 수 있다는 생각을 사람들에게 주입했습니다.

조엘 오스틴과 그의 아버지가 처음 속해 있던 단체는 WOF(Word Of Faith)라는 곳인데, 그곳은 기독교 단체가 아닌 말 그대로 '믿음의 말'이라는 운동을 하는 곳입니다. 이들은 '말은 곧 믿음이다'라는 생각으로, 믿음을 가지고 말을 하면 그대로 이루어진다는 사상을 전파하는 사람들이었습니다. 이런 사상은 성경에서 나온 것이 아닙니다.

이것은 케니언(E. W. Kenyon)이라는 사람이 만든 것으로 메리 베이커 에디(M. B. Eddy)가 창시한 뉴에이지 종교 '크리스천 사이언스'에 뿌리를 두고 있습니다(배우 톰 크루즈가 신봉하는 사이언톨로지 종교도 같은 맥락임). 이것은 단순히 좋은 말을 쓰자는 생각과 다른 것입니다. 그들은 어이없게도 하나님이 인간을 위해 행동하실 수 있게 만들려면 우리의 말로 그것을 허락해야 한다고까지 주장합니다. 원하는 것이 있으면 우리는 먼저 기도하고 그 다음에 노력해야 합니다. 하나님의 왕국은 말에 있지 않다고 했습니다. 믿음과 실천이 중요합니다(고전 4:19-20).

말한 대로 다 된다면 좋겠지만 현실은 그렇지 않습니다. 성경 속의 위대한 인물들도 두려움이 있었고, 큰 환난을 만나 죽기를 바랄 정도로 극심한 어려움에 처하기도 했습니다. 고난을 직시하고 극복할 줄 아는 믿음을 기르는 것이 긍정의 말보다 중요한 것입니다. 오늘날 긍정의 힘을 외치는 자들이 많지만 왜 사람들은 점점 절망하고, 세계는 급속도로 무질서와 절망의 공간이 되어가는 것일까요? 이 세상을 회복하는 것은 말이 아니라 기도이며 행동입니다.

　고운 말을 쓰고 바른 표현을 하는 것은 중요합니다. 그러나 말은 주문이 아님을 잊지 말아야 합니다. 하나님은 우리가 먼저 그분의 뜻에 맞게 행동할 때 우리의 필요를 미리 알고 채워 주시는 분이며 우리가 말로 조종할 수 있는 분이 아닙니다. 좋은 말에는 이런 함정도 있다는 것을 염두에 두고, 바른 언행과 함께 행동과 실천으로 참다운 성공을 일구어 가는 하나님의 자녀가 되어야겠습니다.

03.
DISCERNMENT
분별력

생각할 줄 아는 힘, 바른 판단력은 어떻게 생길까?

● DISCERNMENT ──────────────────────

분별력은 말 그대로 무언가 가려내는 능력을 말합니다.
세상의 다양한 지식들, 그리고 그것을 전하는 사람과 미디어 속에서
수많은 정보들을 걸러내는 일,
즉 선택하거나 버리는 과정을 뜻하는 것이지요.
이것은 본인에게 바른 정보와 기준이 있어야만 가능한 것입니다.
또한 바른 정신과 판단력이 있어야 합니다.

청소년기에는 다양한 정보와 유혹과 도전이 있습니다.
이 시기에 모든 것을 잘 분별하기란 쉽지 않지만,
어떤 의미에서는 아직 어리기 때문에 바른 기준만 있으면
그리 어렵지만은 않은 일이라고 생각합니다.

여러분은 어떤 어려운 문제 앞에서 길을 잃었을 때,
갈림길에 서게 되어 선택의 순간을 만날 때,
누구를 의지하나요?
이럴 때 먼저 하나님께 지혜를 구하고,
주변 사람들의 도움을 받아 결정해야 합니다.
이때마다 분별력은 큰 힘이 될 것입니다.

DISCERNMENT
분별력

1. 바른 것을 볼 줄 아는 안목을 기르자

　세상을 살다 보면 많은 혼란이 있습니다. 어른들이라고 그것을 다 알고 헤쳐 나가는 것은 아닙니다. 아무리 많은 경험을 한 사람도 살면서 처음 맞닥뜨리는 일들이 꽤 많습니다. 또한 반복적으로 겪는 일들도 환경과 상황에 따른 변수들이 존재하기 때문에 결국 모든 일은 처음 하는 것이나 마찬가지라고 해도 과언이 아닙니다. 많은 경험을 통해 삶의 노하우와 분별력이 꽤 쌓이고 나면 더 이상 분별력이 필요 없는, 주님의 부르심을 받을 때가 되는 것이 아이러니한 인간의 일생이 아닐까 싶습니다.

　잠언에는 분별에 관한 많은 말씀이 있습니다. 그만큼 분별력은 중요한 덕목입니다. 분별이 우리를 보호하고 건져내기 때문입니다.

지혜가 네 마음에 들어가며 지식이 네 혼에게 기쁨이 될 때에는 분별이 너를 보존하며 명철이 너를 보호하여 악한 자의 길과 비뚤어진 것들을 말하는 자에게서 너를 건져 내리라(잠 2:10-12).

어리석은 자는 자기 아버지의 훈계를 멸시하거니와 책망을 중히 여기는 자는 분별이 있느니라(잠 15:5).

지혜를 가르쳐 주는 책 잠언에서 분별력을 많이 말씀하는 이유는, 분별력을 위해서 지혜가 꼭 필요하기 때문입니다. 그러나 분별하는 것은 말처럼 쉽지 않고, 분별할 일은 또 너무 많습니다. 크리스천에게는 더 많은 금기가 있고, 더 큰 분별력이 필요해 보이기도 합니다. 그러나 조금 다른 각도에서 보면 크리스천은 분별을 잘 할 수 있는, 아니 보통 사람들보다 문제를 더욱 단순하게 볼 수 있는 요건을 갖춘 사람들이라는 것을 알 수 있습니다. 어떤 기준이 없는 사람들보다 성경이라는 지침이 있기 때문입니다.

우리가 매사에 모든 일을 따져보고 판단할 수 있을까요? 그럴 수는 없습니다. 좋은 일인 것처럼 보였지만 그 배후는 악한 집단인 경우도 많고요. 좋은 연예인인 줄 알았는데 범죄자이거나, 건전한 영화인 줄 알았는데 악한 사상을 담은 영화였던 경우도 비일비재합니다. 그래서 어떤 이들은 이런 것을 분별하고 판단할 수 있도록 다양한 사례를 들어 악하고 불건전한 것들을 캐내고 알리기도 합니다. 물론 그런 일도 필요합니다. 그러나 이런 경고는 한이 없고, 끝없이 쏟아지는 많은 문화와 개념들을 어떻게 매번 골라낼 수가 있을까요?

그런 사례 중 대표적인 것이 이단을 색출하는 일입니다. 특정한 이단 분별 단체들은 이단을 가려내서 많은 성도들이 직접 일일이 알아보는 수고를 하지 않아도 되도록 정리를 해 주기도 합니다. 이런 일도 필요한 측면이 있습니다. 그러나 악한 집단을 찾아내는 과정에서 많은 논란이 있고, 저항도 있으며, 멀쩡한 사람들을 억울하게 이단으로 지목하는 경우도 간혹 있습니다.

나쁜 것을 찾는 일도 필요하지만 그보다 먼저 해야 할 일이 있습니다. 그것은 바른 것을 볼 줄 아는 안목을 길러 주는 것입니다. 사람들이 독버섯을 먹지 않도록 하기 위해 모든 독버섯을 숙지하고 그것을 모두 사진으로 찍어 가지고 다닐 수는 없습니다. 오히려 먹을 수 있는 버섯이 무엇인지 아는 것이 더 중요합니다. 그러면

식용 버섯을 제외한 나머지 것들을 먹지 않으면 되는 것입니다. 이것이 독버섯을 알기 전에 먼저 필요한 과정입니다.

위조지폐나 고급 보석을 감별해내는 일을 하는 사람들이 있습니다. 이들은 진짜와 가짜를 구별해내기 위해 가짜를 공부하지 않습니다. 오히려 진짜를 반복해서 확실하게 공부합니다. 그래서 진짜가 아닌 것은 모두 가짜라는 선명한 결론을 내릴 수 있는 것입니다. 이것이 분별의 지혜입니다.

우리가 무언가 분별하는 가장 **빠른** 방법은 바른 길, 정답, 안전한 것을 먼저 아는 것입니다. 그리고 참된 신을 아는 것입니다. 그러면 그릇된 길, 오답, 위험한 것, 그리고 우상을 구분할 수 있습니다. 우리가 성경을 열심히 읽고, 배우고, 좋은 책과 좋은 교사를 통해 옳은 것들을 알아나가는 일은 그래서 중요한 것입니다. 항상 바른 것을 지향하고 말씀 안에 거하는 것, 그것이 분별의 첫 단추임을 잊지 말아야 합니다.

2. 바른 판단력은 맑은 정신으로부터

성경에는 '남을 판단하지 말라' 는 말씀이 여러 번 나오는데, 이것은 무조건 비난하고 비판하지 말라는 뜻입니다. 제대로 된 판단, 즉 분별을 반드시 해야 한다고 말씀합니다.

참으로 또 어찌하여 너희가 너희 스스로 무엇이 옳은지 판단하지 아니하느냐?(눅 12:57)

겉모양으로 판단하지 말고 의로운 판단으로 판단하라, 하시니라 (요 7:24).

그리고 적그리스도와 거짓 대언자 등 악한 자들을 잘 알아보고 시험하여 분별하라고도 했습니다.

사랑하는 자들아, 영을 다 믿지 말고 오직 그 영들이 하나님께 속하였는지 그것들을 시험하라. 이는 많은 거짓 대언자들이 나와서 세상에 들어왔기 때문이라 (요일 4:1).

이런 것들을 잘 분별하려면 주님 안에서 늘 깨어 있어야 합니다. 깨어 있는 것은 피곤하게 늘 눈을 부릅뜬 채 지키는 것을 뜻하지 않고, 항상 영적인 컨디션을 제대로 유지하면서 맑은 정신으로 살아가는 것을 말합니다. 술 취한 사람, 게임과 인터넷에 중독된 사람, 세상적인 취미에 사로잡힌 사람은 정신이 흐릿해져 맑은 상태를 유지할 수 없습니다.

내게 주신 은혜를 힘입어 너희 가운데 있는 각 사람에게 내가 말하노니 각 사람은 자기가 마땅히 생각할 것보다 더 높이 자기에 대하여 생각하지 말고 하나님께서 각 사람에게 믿음의 분량을 나누어 주신대로 맑은 정신으로 생각하라(롬 12:3).

3. 분별과 판단의 우선순위

이렇게 맑은 정신으로 사는 사람에게는 분별력이 있으며 우선순위가 있습니다. 지금의 이라크에 해당하는 바빌론의 포로로 잡혀간 다니엘은 그곳에서 그 나라의 학문을 배우며 살았습니다. 그가 나중에 총리의 자리까지 올라갔다는 것은 그곳의 학문과 풍습을 잘 숙지했다는 것을 의미합니다. 그러나 그가 하나님께 드리는 기도를 금지 당했을 때나 하나님을 부인해야 할 때는 목숨을 내놓고 단호하게 행동했습니다. 그 나라에서 다니엘은 포로였지만 결코 자신이 거룩하신 하나님의 백성임을 잊지 않았습니다.

그래서 사자 굴에 갇혀 죽을 고비를 맞았지만 하나님의 천사가 그를 구해준 것입니다. 왕이 정해준 음식을 거부하고 깨끗함을 지킨 다니엘의 세 친구들도 불구덩이에서 살아나왔습니다. 이 모두가 신화가 아닌 실제 기록입니다.

여러분도 이 세상에서 세상의 학문을 배웁니다. 제가 창조과학 강연을 하다 보면, 자주 받는 질문이 있습니다.

"진화론이 틀린 걸 알았는데요, 그러면 과학시험 문제로 진화론이 나오면 정답을 맞혀야 하나요, 틀려야 하나요?"

이런 질문입니다. 실제로 어떤 학생은 진화론을 주입시키는 교육에 화가 나서 문제를 일부러 틀리게 체크하기도 했다고 합니다. 그러나 이럴 때는 문제가 요구하는 정답을 쓰는 것이 좋습니다. 이런 일에 목숨을 걸면 세상에 나가서 할 것이 아무것도 없습니다. 세상은 마귀에게 허락된 공간입니다. 악한 것들과 선한 것들이 뒤섞여 있습니다. 그러므로 다니엘처럼 세상의 학문이지만 배우면서 성경을 더 잘 공부해서 그들보다 지혜와 지식이 뒤처지지 않도록 항상 준비하며, 자신이 선포할 때가 오면 강력하게 외치는 하나님의 사람이 되어야 합니다. 물론 우리들도 이 세상이 하나님을 부인하게 하거나 다른 종교와 동일시할 때는 강력히 저항하고, 목숨을 바쳐서라도 지키고 양심을 팔아서는 안 될 것입니다.

이처럼 많은 상황에서 지혜와 분별력, 그리고 원칙이 필요합니다. 이것은 일시적인 의협심이나 감정으로 하는 것이 아니라 냉철한 판단력과 늘 깨어 있는 맑은 정신으로 해야 한다는 것을 잊지 마세요. 그래야만 가장 합리적인 판단을 할 수 있습니다. 그리고 그 모든 판단에 하나님의 거룩하심을 가장 먼저 고려해야 한다는 것을 기억해야겠습니다.

4. 경고를 주의하라

앞서 말하기에서 살펴보았듯이 누구나 '안 된다', '아니다', '하지 마라' 이런 부정적 메시지를 싫어합니다. 반면 '다 잘 될 거야', '할 수 있어', '하면 된다' 이런 말들을 좋아합니다. 긍정적인 메시지라는 것이지요.

하지만 과연 그런가요? 단순히 말의 의미만 보면 부정적이다, 긍정적이다 말할 수 있지만 그 말을 하는 의미를 들여다봐야 하지 않을까요?

앞이 절벽인지도 모르고 죽음을 향해 달려가는 사람에게 '안 된다, 가지 마라' 하면, 그것이 부정적인 메시지입니까? 아닙니다. 그것은 사람을 살리는 꼭 필요한 정보입니다. 반면에 노력도 하지 않고 매일 게임만 하는 학생에게 '이번 시험에서 다 잘 될 거야' 하면 그것이 긍정적이고 좋은 이야기일까요? 1등은 한 사람밖에 안 되는 시스템에서 모두에게 '하면 된다, 너도 1등 할 수 있다' 이렇게 말하는 것은 무책임한 거짓말이 되지 않을까요?

사람들은 앞뒤를 따져보지 않고 무작정 안 된다는 말이 싫은 것입니다. 악하고 미련한 임금은 신하가 "아니 되옵니다" 하면 그 말이 그저 듣기 싫어서 충신인지도 모르고 죽여 버립니다. 하지만 지혜롭고 선한 임금은 당장은 듣기 싫어도 신하가 왜 그런 말을 하는지 일단 생각해 보고 판단하겠지요.

우리에게 정말 중요한 정보는 부정적으로 보이는 정보입니다. 위험 표시, 금지 표시, 빨간 불, 먹지 마시오, 독극물 주의, 속도제한, 중앙선 침범 금지, 무단 횡단 주의, 사고 다발 지역,

사망 사고 발생 지역, 유통기한, 한파/폭염 주의보, 미세 먼지 경보 등등…. 하지 말라는 것, 안 된다는 것, 조심하라는 것, 죽는다는 것 등 좋지 않은 내용이 정말 많습니다. 그러나 이보다 중요한 정보가 있을까요? 허황된 긍정의 말보다 이런 경고에 귀를 기울여야 합니다.

성경도 우리에게 많은 것을 금지하고 있으며 여러 일들을 주의하라고 말씀합니다.

그들에게 이르시되, 탐욕을 주의하고 조심하라. 사람의 생명이 그의 풍부한 소유물에 있지 아니하니라, 하시니라(눅 12:15).

좋은 길로 가는 것도 중요하지만 악하고 위험한 길에 빠지지 않는 것이 더 중요합니다. 그래서 사람에게는 어떤 정보를 판단하고 조심하는 지혜와 분별력이 필요한 것입니다.

경건치 아니한 자들의 계획대로 걷지 아니하고 죄인들의 길에 서지 아니하며 조롱하는 자들의 자리에 앉지 아니하는 사람은 복이 있나니 그는 주의 율법을 기뻐하며 그분의 율법을 밤낮으로 묵상하는도다(시 1:1-2).

이처럼 아니하고, 아니하며, 아니하는 사람이 복 있는 사람입니다. 세상은 듣기 좋은 이야기, 다 잘 된다는 이야기를 좋아하지만 그 결과는 때로 참담합니다.

잘 되는 것은, 잘 되도록 준비하고 노력하고 길을 모색하며 애쓰는 자들의 몫입니다.

십계명은 10개 중 8개가 '~하지 말라'로 끝이 납니다. 다른 신을 두지 말라, 우상을 섬기지 말라, 하나님의 이름을 헛되이 부르지 말라, 살인하지 말라, 간음하지 말라, 도둑질하지 말라, 네 이웃에 대하여 거짓 증언하지 말라, 네 이웃의 소유를 탐내지 말라…. 하지 말아야 할 것을 훨씬 많이 말씀하고 있습니다.

이런 사실을 잊지 말고, 모든 일을 분별할 때 세상 사람들이 만든 갖가지 법칙을 떠올리기 전에 성경에 집중하세요. 그래야 참다운 지혜를 얻을 수 있습니다. 그것이 세상의 처세술이나 달콤한 이야기들보다 훨씬 귀중한 지혜와 지식의 원천임을 잊지 말아야 합니다. 맑은 정신과 성경적 분별력이 여러분의 영을 살리고 육신을 지키는 기본임을 잊지 마세요.

04.
GOODNESS
선함

착해도 손해보는 게 아니야!

GOODNESS

어떤 조폭의 팔뚝에 '차카게(?) 살자'는 문신이 있었다고 하지요?
범죄로 먹고 사는 사람에게도 일말의 양심은 있다는 뜻인데,
마음만은 착하게 살고 싶은 의지가 있다는 의미 아닐까요.
이처럼 사람이 착하게 살아야 한다는 것은 누구나 아는 것입니다.

그런데 요즘은 착한 사람을 찾기가 쉽지 않습니다.
그도 그럴 것이 착한 사람은 바보 취급을 받거나
만만한 사람으로 여겨지기도 하지요.
그러나 누가 뭐래도 착한 것은 좋은 것이고 사람의 기본 성품입니다.
선하다는 것, 그것이 무엇인지 굳이 설명할 필요는 없겠지만
우리가 돌아보아야 할 선함에 대한 개념이 있습니다.
세상의 기준들이 많이 흔들리고 뒤틀렸기 때문입니다.

세상의 주인인 마귀는 사람들을 속이기 위해
모든 개념들을 뒤틀어 놓았습니다.
그중 가장 대표적인 것이 착하다는 의미일 것입니다.
절대적인 개념을 상대적인 것으로 바꾸는 마귀의 계략을 알고
바른 것을 추구해야 합니다.

GOODNESS
선함

1. 악한 것에 속지 말자

젊은 여성들 사이에서 '착한 남자는 재미없다' 는 인식이 있습니다. 이는 여성이 남성을 바라볼 때, 너무 모범생같이 착한 남자는 편하긴 하지만 끌리는 매력이나 재미가 없고, 좀 거만하고 자기밖에 모르는 이기적인 남자에게 오히려 끌린다는 의미입니다. 정말 그럴까요? 정말 자기만 알고 불량해 보이는 남자가 멋진 것일까요?

안타깝지만 정말 그런 경향이 있습니다. 무슨 뜻인가 하면, 착한 남자는 내 편으로 만들기가 쉬울 것 같은데 나쁜 남자는 감히 그럴 수 없는 존재이기 때문입니다. 그래서 희대의 흉악범들에게는 늘 여자가 옆에 있었습니다. 왜 나쁜 범죄자 옆에 여인들이 머무는 것일까요? 그것은 거친 모습 속에서 그들의 연약함을 보았기 때문이고, 그들에게 보호 본능을 느꼈기 때문일지 모릅니다. 또한 착한 남자에게는 착한 것이 일상이지만, 나쁜 남자가 아주 가끔씩 보이는 선량함은 더욱 도드라지게 보여 그들을 원래는 순수한, 세상의 피해자로 비치게 했을 수도 있습니다.

아무튼 나쁜 남자에게는 매력이 있는 것이 사실인데요, 왜 그럴까요? 사람들이 세속적으로 변했기 때문입니다. 그리고 인간에게 죄성이 있기 때문에 하지 말라는 것은 더 하고 싶고, 금단의 열매는 더 좋아 보이기 때문입니다. 그래서 에덴동산의 선악을 알게 하는 나무의 열매는 그럴듯해 보였습니다.

> 여자가 보니 그 나무가 먹기에 좋고 눈으로 보기에 아름다우며 사람을 지혜롭게 할 만큼 탐스러운 나무이므로 그녀가 그 나무의 열매를 따서 먹고 자기와 함께한 자기 남편에게도 주매 그가 먹으니라(창 3:6).

하지만 그것은 죽음을 부르는 최악의 선택이었지요. 이런 타락의 사건 뒤로 인간은 선하고 아름다운 것도 지향하는 동시에 죄악과 어두운 것도 매력적으로 느끼게 되는 것입니다. 물론 우리가 천국에 가면 이런 성품은 없어질 것입니다.

그러므로 육신을 입고 사는 동안 악한 것에 속지 않도록 조심해야 합니다. 마귀는 속이는 자입니다. 악한 것은 잠시 재미있을지는 몰라도 인생을 파멸로 이끌 뿐입니다.

사람들이 미국과 한국의 삶을 대비시켜 하는 말이 있는데요, 미국은 재미없는 천국이고, 한국은 재미있는 지옥이라고 합니다. 그런데 재치 있는 표현이긴 하지만 모순되고 왜곡된 표현입니다. 지옥은 악한 것만 있으며 재미가 아니라 고통으로 몸부림치는 곳입니다. 천국은 따분하고 심심한 곳이 아니라 순수하고 아름다우며 진정한 기쁨이 넘치는 곳입니다. 그러나 우리가 육신을 벗기 전에는 그 개념을 확실히 실감하지 못하고 때로 악한 것을 좋다 여기고, 선한 것을 따분하다 여기게 될 것입니다.

악한 사람을 멀리해야 합니다. 그리고 착한 것을 지향해야 합니다. 인생은 모험이 아니라 현실입니다. 좋은 친구, 착한 친구를 사귀고 악하고 나쁜 일을 도모하는 자들을 멀리해야 합니다. 그래야 여러분의 성품도 착하고 바르게 성장할 것입니다. 악한 것을 의지적으로 삼가고 조심해야 합니다. 모든 것을 잘 분별하고 시험해 보면 무엇이 선인지 알 수 있습니다.

모든 것을 시험해 보고 선한 것을 굳게 붙들라. 악의 모든 모양을 삼가라. 평강의 바로 그 하나님께서 너희를 온전하게 거룩히 구별하시기를 원하노라. 내가 하나님께 기도하여 너희의 온 영과 혼과 몸을 우리 주 예수 그리스도께서 오실 때까지 흠 없이 보존해 주시기를 구하노라(살전 5:21-23).

2. 상대적인 것 vs 절대적인 것, 악한 것 vs 착한 것

상대주의는 서로 다른 것을 인정하자는 생각입니다. 서로 다른 것을 인정하는 것은 좋은 생각입니다. 그러나 악한 것도 인정하자는 생각은 용납할 수 없습니다. 상대주의는 자기가 보기에 옳고 자기가 좋다고 하면 그만이라는 생각입니다. 그러나 이런 생각은 위험합니다. 여러분 중에도 괴기스러운 것, 엽기적인 것, 선정적인 것, 파괴적인 것을 좋아하는 친구들이 많을 것입니다. 그것을 그저 각자의 기호가 다른 것으로 넘겨 버릴 수 있을까요?

세상에는 정해진 질서가 있습니다. 자연과 동식물은 계절에 따라 피고 지며 어우러져 살고 있습니다. 그들은 증거도 전혀 없는 진화의 가설처럼 다른 것에서 온 것이 아니라 처음부터 그 역할을 하도록 만들어졌습니다. 이것을 흐트러뜨리는 것이 상대주의입니다.

악한 것과 착한 것은 상대적인 것일까요? 내 마음에 들면 그

때부터 좋은 것이 될까요?

　우리가 아름다움을 느끼는 기준은 개인의 취향보다 거의 절대적인 것에 좌우됩니다. 우리가 미남 미녀라고 느끼는 이유는 그들이 '잘' 생겼기 때문입니다. 우리가 어떤 동물을 귀엽다고 느끼는 이유는 그들이 원래 귀엽기 때문입니다. 그 시각은 내가 정하는 것이 아니고 고정돼 있다는 뜻입니다.

　유클리드가 발견한 황금수 파이는 1:1.618의 비율을 말합니다. 이것은 인간이 보기에 가장 편한 비율인데요, 인체에도 이 비율이 무더기로 숨어 있음을 레오나르도 다 빈치는 알고 있었고 그것을 많은 예술 작품에 표현을 했습니다. 그래서 그의 그림은 완벽하고 안정적입니다.

　도덕이나 윤리, 선함의 기준도 사람들이 많이 뒤바꿔서 그렇지, 원래는 대개 비슷하다는 것입니다. 우리가 보기에 불편한 것은 아프리카 원주민에게도 불편한 것입니다. 그래서 세계의 법은 거의 비슷한 형태를 띠고 있습니다. 어찌 보면 굳이 설명할 필요가 없는 당연한 이치들이지요.

　문제는 이것을 뒤바꿔 악한 것을 선한 것으로, 선한 것을 악한 것으로 보려고 하는 이들이 있다는 것입니다. 보통 사람은 괴로워하는 굉음과 소음을 좋은 음악이라 주장하고, 음란하고 외설적인 표현, 전위적이고 기괴한 것들을 예술이라 포장합니다. 동성애도 인류를 멸절시킬 수 있고, 각종 질병을 유발할 수 있는데도 그것을 피할 수 없는 기질이며 개인의 선택 문제라고 합니다. 그러면 도둑질과 폭력, 성폭행 등의 나쁜 습관을 타고난 사람도 개인의 선택으로 존중받아야 할까요? 동성애자들이 평생 호르몬을 투여하거나 억지로 성전환을 하는 등의 노력을 기울여야 하는 것 자체가 순리를 거스르고 있음을 증명하는 일입니다. 그것이 자연스러운 것이라고 주장해서는 안 된다는 것입니다.

강간과 강도짓, 살인까지 저지르고 탈옥한 자가 신출귀몰하며 잡히지 않고 도망 다니니까 그를 응원하는 팬 카페까지 생겨난 일도 있었지요. 이처럼 반대의 것을 즐기는 것은 인간의 죄악된 모습입니다. 그런 흉악범이 내 가족이나 나에게 피해

를 입힌 자라면 그럴 수 있을까요? 그들은 기존의 관념을 뒤틀어 다르게 보고자 했지만 이런 악한 일이 용납될 수 있을까요? 이런 자들은 법에 따라 실형을 받았습니다. 악한 것을 선하다 주장하는 것은 기존의 절대적인 관념을 상대적인 것으로 바꾸는 일입니다.

진리를 찾는 자가 적어 소수가 하나님을 만나는 것, 넓은 문을 찾는 자가 많은 것은 많은 사람들이 가는 길이 절대적이라는 의미가 아니라 인간의 죄악이 절대적인 가치를 거부한다는 것을 뜻합니다. 이것을 혼동하면 안 됩니다. 절대적인 선함과 바른 것을 누구나 느끼지만 자신들의 교만과 악한 심성이 눈을 가려 자기모순에 빠지는 것입니다.

3. 자기 자신이 중심이 되는 세상은 어떤 세상일까?

이집트에서 노예로 살던 이스라엘 백성이 광야를 떠돌다 꿈의 땅인 가나안에 들어갑니다. 그러나 그곳에서 자녀를 낳고 다른 세대가 나오자 그들은 자기 조상을 인도해 주신 하나님의 존재를 잊어버리게 됩니다. 그 세상은 무척 혼란스럽고, 많은 범죄가 일어나는 무법천지였습니다. 왜 그들은 그토록 혼란한 세상을 만들었을까요?

그 온 세대도 자기 조상들에게로 거두어지고 그들 뒤에 다른 세대가 일어났으나 이들은 주를 알지 못하였으며 또한 그분께서 이스라엘을 위하여 행하신 일들도 알지 못하였더라(삿 2:10).

가나안에 들어간 자들 뒤에 일어난 다른 세대는 주 하나님을 알지 못했습니다. 사람은 마음 속에 하나님이 없으면 자기 생각대로 행하게 됩니다. 자신의 주인을 자기로 알며, 불완전한 자신들의 기준에 맞춰 살면서 스스로 파멸하게 되는 것이 인간입니다. 오늘날 사람들이 하나님을 버리면서 온 세상은 점점 더 흐트러지고 악해지고 있습니다. 절대적인 기준을 상대적인 것으로 바꾸면 이런 현상이 일어나는 것을 잊지 말아야 합니다.

자기 눈에 옳은 대로 행하는 것은 자기가 하나님이 되는 것입니다. 이것이 포스트모더니즘, 즉 모든 개념을 해체하는 뉴에이지 사상입니다. 모든 것의 중심에 '자기'가 있습니다. 그래서 자신을 사랑하고 자기를 아끼는 자들만 늘어나는 것입니다. 사람들이 가장 큰 계명이 무엇인지 예수님께 물었습니다.

예수님께서 그에게 이르시되, 너는 네 마음을 다하고 혼을 다하고 생각을 다하여 주 네 하나님을 사랑하라. 이것이 첫째가는 큰 명령이요, 둘째 명령은 그것과 같은 것으로서, 너는 네 이웃을 네 자신과 같이 사랑하라, 이니라. 모든 율법과 대언자들의 글이 이 두 명령에 매달려 있느니라, 하시니라(마 22:37-40).

두 명령에 자기를 사랑하라는 것은 없습니다. 자기 자신은 저절로 사랑하게 됩니다. 그래서 오히려 자제해야 할 일인데도 세상 종교와 세상 사람들은 모든 중심에 자기를 두고, 자신을 사랑하라고 부추깁니다. 그래서 사도 바울은 말세에 이런 사상이 크게 늘어나며, 악한 일들이 온 세상 사람들에게서 나타날 것을 말씀했습니다.

또한 이것을 알라. 즉 마지막 날들에 위험한 때가 이르리라.
사람들이
자기를 사랑하며 / 탐욕을 부리며 / 자랑하며 / 교만하며 /
신성모독하며 / 부모에게 불순종하며 / 감사하지 아니하며 /
거룩하지 아니하며 / 본성의 애정이 없으며 / 협정을 어기며 /
거짓 고소하며 / 절제하지 못하며 / 사나우며 /
선한 자들을 멸시하며 / 배신하며 / 고집이 세며 /
높은 마음을 품으며 /
하나님을 사랑하기보다는 쾌락들을 더 사랑하며 /
하나님의 성품의 모양은 있으나 그것의 능력은 부인하리니
이런 자들에게서 돌아서라(딤후 3:1-5).

자기를 사랑하는 것부터 이어지는 내용이 어찌나 현대인들과 비슷한지 모르겠습니다. 그러나 우리 크리스천들은 어떻게 해야 할까요? 사람들을 인격적으로 사랑하되 악한 일을 저지르는 자들까지 용납하는 것이 사랑이 아닙니다. 맨 끝 5절에 "이런 자들에게서 돌아서라"고 말씀했습니다. 절대적인 개념을 무너뜨리는 자들을 경계하고 그들에게서 돌아서며, 사람들에게 경고하고 외쳐야겠습니다.

4. 착한 성품을 위해 노력해야 하는 이유

인간은 원래 악한 존재입니다. 각 종교에서는 성선설과 성악설, 즉 인간은 본디 선하게 태어나지만 악에 익숙해진다는 이론과 본디 악하게 태어나 선을 배운다는 이론을 말하지만 이는 둘 다 맞는 말입니다. 인간은 하나님의 형상대로 창조되어 선한 존재였지만 타락 이후부터 악하게 태어나는 것이니 말입니다. 그런데 오늘날의 인간을 말한다면 성악설이 맞는다고 할 수 있겠지요.

예수님은 인간을 향해, 너희들은 악한 존재라고 말씀하셨습니다.

> 그런즉 너희가 악할지라도 너희 자녀들에게 좋은 선물들을 줄 줄 알거든 하물며 하늘에 계신 너희 아버지께서 자기에게 구하는 자들에게 좋은 것들을 얼마나 더 많이 주시겠느냐?(마 7:11)

'악할지라도'는 영어로 'being evil'입니다. 'being'은 존재 자체를 뜻하는 것이지요. 이것은 특정한 악인들만을 지칭하는 것이 아니라 인간 자체가 악하다는 의미입니다. 타락한 이후의 인간은 마귀의 자식으로 태어나기 때문입니다. 그래서 특단의 조치를 통해 그의 신분을 바꾸지 않는 한, 즉 하나님의 자녀로 호적을 옮기지 않는 한 그 사람은 마귀를 벌하기 위해 예비된 영존하는 불로 들어가게 됩니다. 마귀의 소유물이기 때문입니다.

그러면 악한 인간이 어떻게 선하게 될 수 있으며 선하게 살 수 있을까요? 구원을 받은 사람도 죄의 육신을 지니고 있는 동안은 죄에서 완전히 자유로울 수 없는데 말이지요. 우리가 선을 행하고 선하게 살기 위해서는, 완벽할 수는 없다 해도 하나님의 말씀을 통해 부단히 노력하고 우리 자신과 주변 환경을 선하게 바꾸려는 최선의 노력을 해야 합니다.

우선 악한 문화와 환경에 자신을 노출시키지 않도록 조심하고 스스로 방어해야 합니다. 무언가를 하지 않으려면 다른 환경을 만들어 그것에 집중해야 합니다. 자신이 악한 생각을 부추기는 영화를 많이 보거나 게임에 중독돼 있다면 이것들을 피할 수 있는 다른 취미를 찾거나 자기 환경과 생활 동선을 바꿔야 합니다. 세상에 공짜는 없습니다. 저절로 되는 것은 없지요. 남들은 손도 안 대고 성공한 것 같지만 뭔가 대가를 치렀습니다. 그렇게 자기가 선한 생활로 나아갈 수 있는 환경을 스스로 만들고 부모님이나 지인들의 조언을 잘 받아들여야 합니다.

착하게 살면 편안합니다. 악하게 사는 사람들이 매일 뉴스에 나오지요. 그런 삶은 그들도 살고 싶어 사는 것이 아니고, 스스로 자제하지 못하고,

그런 환경을 떠나지 못해 어느새 빠져들게 된 것입니다. 그런 악한 삶은 늘 불안하고 초조합니다. 하나님이 양심에 심어주신 소리가 자신을 두드리니까요. 그러나 착하고 선한 삶을 지향하면 마음이 편하고 늘 행복합니다. 그러므로 너무 많이 가지려는 욕심이나 남들과 비교하는 마음을 버리고 자족하는 습관을 들이는 것이 좋겠지요.

그리고 좋은 친구들을 사귀는 것이 매우 중요합니다. 또한 자기 자신이 친구들에게 좋은 친구가 되는 노력도 중요할 것입니다.

> 선한 양심을 가지라. 이것은 그들이 너희를 가리켜 악을 행하는 자라고 비방하다가도 그리스도 안에 있는 너희의 선한 행실을 거짓으로 비난하는 자들이 부끄러움을 당하게 하려 함이라
> (벧전 3:16).

한편 세상 일에도 어느 정도는 참여해야 합니다. '나 하나가 잘한다고 세상이 바뀔까?' 이렇게 생각하면 안 됩니다. 여러분, 산에 올라가 수많은 고층 건물과 잘 가꾸어진 공원과 강을 가로지르는 다리와 쉴 틈 없이 움직이는 차들을 보십시오. 그 모두가 결국은 인간이 만들어 낸 것입니다. 세상 모든 것이 사람들의 작은 힘이 모아져 생긴 것입니다. 사람의 힘과 노력은

위대합니다. 공산주의를 무너뜨리고, 독재를 마감하며, 악한 지도자를 끌어내리는 것도 모두 작지만 큰 힘을 발휘하는 '사람'의 능력, 맨 파워였습니다.

행동하고, 움직이고, 바꿔야 합니다. 세상이 발전했다지만 아직도 이처럼 암울한 것은 여러분의 부모 세대가 다 하지 못한 일입니다. 미래를 내다보지 못했기 때문입니다. 여러분은 또 다른 미래이며 희망입니다. 결국 사람이 이것을 해내는 수밖에 없다는 것입니다. 선한 의도를 가지고 하나님 앞에서 바르게 행하고, 기도하며 끊임없이 노력한다면 조금이라도 바꿀 수 있습니다. 지금도 애쓰고 노력하는 사람들이 있어서 세상은 그나마 밝고 살 만한 곳이 되는 것이겠지요.

여러분도 기부를 많이 하고, 선행을 많이 하는 사회인과 연예인들을 알 것입니다. 사람들은 그들을 존경하고 응원합니다. 선한 일을 한다는 것은 이처럼 기분 좋고 또 남까지 행복하게 만드는 일입니다. 이런 사람들처럼 작은 능력이지만 행동하고, 실천하고, 또 악한 일들을 감시해서 세상을 변화시켜야 합니다. 부당한 일을 반대하는 서명운동에도 참여하고, 악한 프로그램은 방송사에 항의도 하고, 선한 일에는 적극적인 칭찬과 격려로 의사표시를 할 줄 알아야 합니다.

악한 자를 잘 징벌해야 공의가 바로 서는 것입니다. 솜방망이 처벌, 정신 질환 등을 이유로 내려지는 어정쩡한 판결, 분명히 잘못을 했지만 돈이 많아 풀려나는 대기업 회장 출신 범죄자 등 사회가 만들어 낸 법의 불합리성이 세상을 망치고, 하나님의 공평과 정의가 바로 서지 못하게 만들고 있습니다.

악한 것은 악한 것입니다. 선과 악을 뒤바꿀 때 모든 질서가 흐트러집니다. 인간에게는 선과 악이 공존하기 때문에 어떤 악마보다도 악해질 수 있고, 하나님의 성품대로 헌신적인 선한 삶을 살 수도 있는 것입니다. 그러므로 하나님께 의지하여 우리의 의지와 결단을 선한 쪽으로 맞춰야 합니다. 그렇게 조금씩 밝은 세상을 만들어가는 젊은이들이 점점 더 많아지기를 간절히 바랍니다.

05.
LOVE
사랑

사랑 없는 세상, 상상도 할 수 없어!

● LOVE

사랑, 긴 말이 필요 없는 인간의 필수적인 성품입니다.
사랑이 없다면 인간은 삶을 이어갈 수도 없고,
그럴 필요도 느끼지 못할 것입니다.
사랑은 하나님의 대표적인 성품이기도 합니다.
그분의 사랑이 없다면 누구도 생명을 얻지 못할 테니까요.

하지만 사랑은 참 어려운 일이기도 합니다.
오래 참아야 하고, 온유해야 하며,
남을 시기하거나 질투하는 마음, 미워하는 마음도 없어야 합니다.
그래서 인간은 완벽한 사랑을 할 수는 없습니다.
아직 불완전한 육신을 지니고 있기 때문이지요.

하지만 성령님의 도우심으로
우리도 사랑 실천에 동참할 수 있습니다.
우리 안에 예수님께서 거하시기 때문에 가능한 것입니다.
많이 받고는 싶지만 주기는 힘든 사랑….
어떻게 하면 사랑이 가득한 성품을 지닌 사람이 될 수 있을까요?

LOVE
사랑

1. 사랑은 어렵다

사랑이 어렵다지만 때론 자신이 의외로 참 많은 것들을 사랑하고 있는 것처럼 느껴질 때도 있습니다. 부모님과 서먹할 때도 있지만 많이 사랑하고요. 친구들도 죽고 못 살 정도로 아낍니다. 반려동물을 끔찍이 아끼는 사람도 있고, 불쌍한 이웃을 위해 아낌없이 도움을 준 일도 있습니다. 교회의 목사님, 전도사님, 선생님도 참 좋고요. 학교에 좋아하는 선생님이 계실 수 있지요. 또 아름다운 자연과 우리나라를 사랑하고, 좋아하는 연예인도 있고 짝사랑하는 이성 친구가 있을 수도 있을 것입니다.

그런데 이런 것이 사랑일까요? 물론 사랑 맞습니다. 그런데

이런 사랑은 누구나 할 수 있다는 것입니다. 나를 좋아하고, 내가 좋아하는 것들을 사랑하는 것은 무척 쉬운 일입니다. 아니, 자동으로 되는 것이지요. 하지만 하나님은 우리에게 좀 더 어려운 것을 하라고 하십니다. 사랑에 관한 가장 유명한 성경 구절 다 아시죠? 현대어 성경들은 여기 '사랑'을 러브(love)로 번역하지만 원래는 채리티(charity)입니다. 단순한 사랑이 아닌 숭고한 사랑을 말씀하는 것입니다.

> 사랑은 오래 참고 친절하며 사랑은 시기하지 아니하며 사랑은 자기를 자랑하지 아니하며 우쭐대지 아니하며 무례히 행동하지 아니하며 자기 것을 추구하지 아니하며 쉽게 성내지 아니하며 악을 생각하지 아니하며 불법을 기뻐하지 아니하고 진리를 기뻐하며 모든 것을 참으며 모든 것을 믿으며 모든 것을 바라며 모든 것을 견디느니라(고전 13:4-7).

우와~ 정말 대박입니다! 이걸 다 어떻게 할 수 있나요? 어쩌면 우리는 여기서 반대로 하고 있는 것이 더 많은 것 같습니다. 남의 허물을 잘 참아 주지 못하고, 남이 잘되면 시기하고, 만날 자기 자랑만 하며 우쭐대고, 자기 것만 내세우고, 조금만 맘에 안 들면 금방 화내고, 악한 생각도 많이 하고…. 정말 절망적인 우리들입니다.

사랑은 세상에 넘쳐나지만 정말로 사랑하는 사람은 참 적다는 것을 알 수 있지요? 자기 가족밖에 모르고 자기 주변만 사랑하는 것은 궁극적인 의미의 사랑이 아닙니다. 내가 사랑할 수 없는 것을 사랑하고, 사랑하려고 노력하고, 나보다는 남의 유익을 추구하는 것, 그것이 진짜 사랑입니다. 그래서 우리가 사랑한다고 말은 잘 할 수 있지만 진정한 사랑을 실천하기는 어려운 것입니다. 심지어 주님은 원수까지 사랑하라고 하셨습니다(마 5:43-44).

그리고 그들을 위해 기도하라고 하셨습니다. 예수님께서는 이런 사랑을 몸소 실천하셨습니다. 그분이 하나님의 아들인 것을 알았다면 로마 병정들이나 이스라엘 백성들이 예수님을 십자가에 못 박았을 리가 없겠지요. 그들은 마음속의 악함 때문에 눈이 멀어 인류의 구세주로 하나님이 보내신 외아들 예수님을 몰라보고 죽이기까지 했지만, 예수님은 십자가에서 당장이라도 내려가실 수 있었지만 오래 참고 자신을 내어주시며 오히려 그들을 위해 기도하셨습니다.

> 그때에 예수님께서 이르시되, 아버지여, 저들을 용서하여 주옵소서. 저들은 자기들이 하는 일을 알지 못하나이다, 하시더라 (눅 23:34).

우리가 감히 이런 사랑을 할 수 있을까요? 매우 어렵습니다. 하지만 하나님의 마음을 품고 기도하는 사람은 그의 안에 사시는 성령님의 도움으로 그런 사랑을 실천할 수 있습니다.

사랑은 말로 하는 것이 아닙니다. 묵묵히 아껴 주고, 참아 주고, 언제나 그 자리에서 기다려 주고 하는 것이 사랑입니다. 사랑이 쉽다는 생각부터 바꿔야 합니다.

2. 나는 사랑 '하기' 위해 태어난 사람

'당신은 사랑받기 위해 태어난 사람~' 우리가 잘 아는 노래가 있습니다. 이 노래에는 하나님이 등장하지만 기독교뿐 아니라 일반 사람들도 부릅니다. 방송에도 나옵니다. 기독교라면 질색을 하는 사람들이 이 노래에는 시비를 걸지 않습니다. 가사가 듣기 좋기 때문입니다.

그런데 이 노래 가사는 그다지 맞는 이야기가 아닙니다. 인간은 하나님께 영광을 돌리기 위해 태어났습니다. 그것이 인간이 태어난 목적이지만, 마귀의 유혹으로 타락하여 인간은 예수님을 영접하지 않으면 지옥에 떨어지게 되었습니다. 그러므로 거듭나지 못한 사람을 포함한 모두에게 사랑받기 위해 태어났다고만 말해서는 안 됩니다.

우리는 사실 '사랑하기 위해' 태어난 사람들입니다. 하나님을 사랑하고 그분을 찬양하며, 이웃을 내 몸과 같이 사랑하고…. 그것이 우리의 존재 이유이며 기독교의 진리입니다. 여러분, 다른 이의 사랑을 내가 받고 싶은 만큼 받을 수 있을까요? 그건 불가능합니다. 하지만 다른 사람을 사랑하는 데는 제약이 없습니다. 마음껏 사랑할 수 있습니다. 이것이 하나님이 우리를 지으신 원리입니다.

사랑을 받기만 하면 사람을 망칩니다. 아무런 징계도 없이 어떤 잘못된 일에도 사랑만 준다면 그 사람은 다른 이들도 자기만큼 귀하다는 것을 알지 못하고, 다른 사람을 배려하지 않게 됩니다. 그러므로 사람들이 여러분을 더 많이 사랑해 주지 않는다고 해서 낙심할 필요가 없습니다. 그것이 오히려 여러분을 살리는 하나님의 사랑입니다. 아쉬울 때마다 누가 날 사랑해 주지 않는지 찾아다니지 말고, 내가 사랑할 존재가 없는지 찾아 나서고, 주변 사람들부터 아껴 주세요. 사랑은 퍼낼수록 커지는 것이랍니다.

3. 남녀 간의 사랑에 대한 필수 지식

거의 모든 사람들이 '사랑' 하면 제일 먼저 남녀 간의 사랑을 떠올립니다. 그런데 다른 어떤 것보다 남녀 간의 사랑은 신중하고 조심스럽게 접근해야 합니다. 영화에 나오는 자유분방한 연애와 이별, 결혼과 이혼을 너무 쉽게 생각하는 것이 요즘의 세태이기 때문입니다. 우리나라도 이미 이혼율이 무척 높아졌습니다.

모두가 사랑해서 결혼하는데 왜 그리 이혼을 많이 할까요? 그것은 감정에 치우친 사랑을 하기 때문입니다. 뜨거우면 사랑인 것 같고, 식으면 만날 이유가 없는 것처럼 느껴지지요. 그러나 사랑은 그렇게 말초적인 감각으로 하는 것이 아니고, 큰 책임을 떠안는 것입니다.

성경은 여자를 존귀하게 다루고 있습니다. 남자들은 이 사실을 알고 여성을 사랑한다면 귀하게 다루고 잘 보호해야 합니다. 그것이 하나님의 뜻입니다. 성경은 남편과 아내에 대해 말씀합니다. 여기 나오는 사랑은 러브(love)입니다. 이것은 언젠가 결혼을 할 모든 청소년과 젊은이들이 알아야 할 남녀의 원칙입니다.

아내들아, 너희 남편에게 복종하기를 주께 하듯 하라. 이는 남편이 아내의 머리 됨이 그리스도께서 교회의 머리 되심과 같기 때문이라. 그분은 그 몸의 구원자시니라. 그러므로 교회가 그리스도께 복종하듯 아내들도 모든 일에서 자기 남편에게 복종할지니라(엡 5:22-24).

남편들아, 너희 아내 사랑하기를 그리스도께서 교회를 사랑하사 교회를 위하여 자신을 주신 것 같이 하라 … 이와 같이 남자들도 마땅히 자기 아내를 자기 몸같이 사랑할지니 자기 아내를 사랑하는 자는 자기를 사랑하느니라(엡 5:25, 28).

이렇게 남자는 여자의 머리라고 했습니다. 여자는 남편을 대할 때 주님께 하듯 하라고 했지요. 이 말씀을 들고 어머니께 달려가기는 아직 이르답니다. 남자는 여자를 끝까지 사랑하라고 했지요. 이것은 여자가 남자의 종이라는 의미가 아닙니다. 사랑은 오히려 남자가 훨씬 더 커야 합니다. 여자를 배신하는 남자가 많지만, 사실은 여자가 배신해도 끝까지 그녀를 사랑해야 하는 존재가 남성입니다.

사랑하는 사이에서는 남자에게

더 큰 책임이 있습니다. 왜 그럴까요?

예수 그리스도를 믿는 크리스천, 즉 신약의 성도는 예수님의 신부입니다. 그런데 우리는 주님을 부인했던 베드로처럼 예수님을 자주 배신하고 실망시킵니다. 그럴 때마다 예수님이 우리를 버리시면 아마도 천국 갈 사람이 하나도 없을 것입니다.

다행스럽게도 우리 예수님은 신부인 우리에게 파혼을 선언하지 않으십니다. 그래서 구원(거듭남)은 말 그대로 거듭 태어나는 것이며 다시 엄마 배 속으로 들어가지 못 하듯이 무를 수가 없는 것입니다. 한 번 결혼을 했으면 그 사람은 주님의 신부가 됩니다. 이렇게 신랑과 신부로 주님과 우리의 관계를 설명하신 것입니다. 그러니까 신랑은 아내를 주님이 우리를 사랑하시듯 사랑해야 한다는 것입니다. 그렇게 하지 못하면서 여자에게만 '주님께 하듯' 섬길 것을 요구할 수는 없겠지요.

그러므로 남자들은 프러포즈할 때만 열광하지 말고, 결혼을 일단 하면 자신에게 큰 책임과 사랑이 필요함을 느끼고 최선을 다해야 합니다. 머리인 남편이 아내를 사랑하는 것은 그녀가 자기 갈빗대로 만들어졌기 때문입니다. 그래서 아내를 안사람(內子)이라고 부르는데, 이것은 집에만 있는 사람이라는 뜻이 아니고, 남자에게서 나왔다는 뜻입니다.

남자들은 여자보다 사회적으로 유리하다 해서 여성을 얕보면 안 됩니다. 이브는 아담에게서 나왔지만 모든 인류는 여성을 통해 나옵니다. 이런 사실을 항상 잊지 말고, 나이 든 여성에게는 어머니께 하듯 예의를 잘 갖추고, 젊은 여성들은 최대한 보호하며 성적 수치심을 주거나 직접적인 피해를 주지 않도록 해야 합니다. 특히 성폭행이나 성추행은 엄벌로 다스려야 하고, 남성들을 어릴 때부터 잘 교육해야 합니다.

성 정체성이 확립되어가는 시기에 가장 먼저 성경의 원리를 잘 이해해서 건전하고 아름다운 이성관을 가지고 결혼 때까지 각자의 몸과 마음을 잘 유지해야 합니다. 아무나 섣불리 믿지 말고 심사숙고하면서 검증될 때까지 서로 거리를 두어야 합니다. 특히 거듭나지 않은 비기독인과 결혼하고 사귀는 것은 굉장히 조심해야 할 일입니다. 이런 것들을 위해 항상 기도로 준비할 필요가 있습니다. 여러분은 하나님 앞에 준비된 사람으로 성장해 결혼 후에도 서로에게 신실한 주님의 멋진 남녀가 되기를 진심으로 바랍니다.

06.
ENDURANCE
절제

하고 싶은 대로만 살면 행복할까?

● **ENDURANCE** ─────────────────────────

무언가를 참고 덜 하는 것은 참 쉽지 않습니다.
절제란 더 하고 싶을 때 멈추는 것인데,
세상은 우리를 유혹하며
더 가지라고, 더 누리고 즐기라고 부추깁니다.
이런 상황에서 참고 견디며 자제하기란 보통 어려운 일이 아닙니다.

'과유불급' 이라는 말처럼,
지나친 것은 모자란 것만 못한 것이 됩니다.
예술에도 절제미라는 것이 있고,
노래도 절제를 잘 하는 가수가 더 실력 있는 가수입니다.
무조건 많이 보여 주고 넘치게 표현하는 것은
오히려 아름다움을 해치기 때문입니다.

절제는 성령님의 9가지 열매 중 맨 마지막 것입니다.
모든 것을 다 잘 해 놓고도 절제로 마무리하지 못하면
모두 수포로 돌아갈 수 있습니다.
절제는 참는 고통이 아니라
우리를 더 아름답게 완성하는 귀한 성품입니다.

ENDURANCE
절제

1. 절제하지 못하면 중독된다

절제는 한마디로 참는 것인데, 이것은 인내와는 조금 다릅니다. 무조건 견디는 것이 아니라 너무 과하지 않게 적절하게 조절하고 자제하는 것입니다.

우리에게 꼭 필요한 먹는 문제에도 절제는 필요합니다. 사람의 식욕은 삶을 이어가는 데 큰 수단이 됩니다. 음식을 거부하는 병에 걸리면 큰 위험에 빠지듯이, 잘 먹고 성장하며 육신의 필요를 공급하는 일은 당연히 중요하겠지요. 그러나 먹는 것을 삶의 수단과 즐거움을 넘어 쾌락으로 변질시키는 인간의 욕망은 탐욕으로 변해 갑니다.

지구 한 편에서는 매일 수많은 이들이 식량 부족으로 죽어가는데도 어떤 국가는 식량 조절을 위해 곡물을 바다에 버리고, 어떤 이들은 음식 쓰레기를 매일 내다 버립니다. 음식을 하다

보면 쓰레기는 생길 수밖에 없다지만, 너무 많은 음식을 버리는 우리나라의 현실도 참 안타깝습니다. 이렇게 버려지는 음식을 절반만 줄여도 북한 동포들을 다 먹여 살릴 수 있다는 분석도 나오는데 참으로 죄스러운 이야기가 아닐 수 없겠지요.

그런데 이렇게 먹어서 생긴 살을 빼기 위해 또 난리입니다. 비만은 스트레스 때문에 생기기도 하고, 직업상 운동 부족 등으로 인한 일종의 질병이지만 우선은 너무 풍족해서 생기는 현상입니다. 미국은 오래전부터 '살과의 전쟁'을 선포하고 국민들의 비만 퇴치를 위해 노력해왔지만 큰 성공을 거두지는 못하고 있습니다. 식품을 만드는 사람들은 사람들을 유혹하기 위해 출출한 시간에 먹음직스러운 음식 광고를 내보내는 등 온갖 수단을 써서 홍보하고 있고, 조금 더 자극적이고 입에서 당기는 맛으로 음식을 만들기 위해 애를 씁니다. 사람들의 절제만을 강조하기에는 무리가 있지만, 그래도 스스로 조절하고 자제하는 것밖에는 방법이 없습니다.

술과 담배도 마찬가지입니다. 알코올과 담배는 인체에 도움이 되지 않는데도 정부는 병 주고 약 주는 식으로 술과 담배를 공급합니다. 이런 것들은 일반 식품보다 훨씬 중독성이 높아 습관이 되면 끊기가 어려워 술과 담배로 얼마나 많은 인생이 망가지는지 모릅니다. 청소년기부터 술과 담배는 내 인생에 아예 없는 것으로 여겨야 합니다. 누가 독약을 주면 여러분 마시겠습니까? 독약은 누구나 기피하기 때문에 오히려 걱정할 필요가 없지만 술과 담배는 세상이 권하고 함께 즐기자며 유혹하기 때문에 어떤 면에서는 더 위험한 것입니다.

특히 여자 청소년 여러분, 대학에 가고 어른이 되면 술을 조심하고 멀리해야 합니다. 정말 많은 사고가 술로 인해 일어납니다. 남자들은 술을 먹여 여자의 정신을 잃게 하고, 여자는 절제하지 못하다가 당하는 수가 많습니다. 이것은 현실입니다. 이런 남녀는 자신의 욕망을 그대로 드러내지 못하고 술의 힘을 빌립니다. 자기 잘못을 술에게 돌립니다. 이것은 정말 위험한 일입니다.

술만 멀리 해도 후회할 일을 크게 줄일 수 있습니다. 대학에 가면 잘못된 문화에 휩쓸리지 말고 모두에게 당당히 선포하여 술을 마시지 않기로 결심하는 것이 좋습니다. 그리고 건전하

고 맑은 정신의 문화를 만들어 가야 합니다. 누군가는 잘못된 문화의 악순환을 끊어야 하는데, 결국 하나님의 자녀인 우리 크리스천이 하는 수밖에 없습니다.

술과 담배의 중독, 마약의 중독, 잘못된 습관과 성의 중독 등이 세상을 망칩니다. 인터넷과 게임과 스마트폰에서도 벗어나야 합니다. 이 모든 것에 절제가 필요합니다. 우리는 물론 완벽한 사람은 될 수 없지만 절제를 아는 사람이 되어야 우리를 지킬 수 있습니다. 매사에 멈추는 습관을 들이면 인생에서 큰 실패를 경험하지 않을 수 있습니다.

2. 절제의 반대는 오버

우리말은 아니지만 사람들은 '오버한다'는 표현을 잘 씁니다. 절제가 안 되고 적정선을 넘어섰다는 뜻이지요. 영화도 무조건 특수 효과를 많이 넣는 등 욕심을 부리면 재미가 없습니다. 조금은 아쉬울 때 멈춰야만 마음에 남는 법입니다.

어떤 블록버스터 영화가 있었는데, 한국 영화 사상 최대의 제작비를 투입한 야심작이었습니다. 영화의 손익분기점을 넘어서려면 최소한 수백 만 명이 봐야 하는 그런 영화였지요. 그런데 이 영화는 흥행에 참패하고 말았습니다. 잘 만든 영화였음에도 불구하고 너무 절제를 하지 못하고 감동을 강요한 탓에 관객의 외면을 받은 것이었습니다.

이 영화에 대해 한 평론가는 이렇게 표현했습니다.

"지나치게 흔들고, 과하게 울리려 한다."

감동은 절제된 표현에서 느끼는 것이지, 과도하게 만든 것에서 얻어지는 것이 아닙니다.

절제의 법칙은 요리도 마찬가지입니다. 고급 레스토랑일수록 접시는 간단해집니다. 싸구려 레스토랑일수록 여러 가지 음식을 제공하며 메인 요리보다 곁들이는 음식이 더 많아집니다. 사람도 이와 같습니다. 진짜 괜찮은 녀석들은 이성친구들 앞에서도 조용합니다. 섣불리 나서서 실수를 하거나 이미지를 망치지 않습니다. 성격이 급하고 촐랑대는 친구들은 자신을 어필하기 위해 오버하지만 결국 조용히 지켜보던 멋진 친구에게 이성을 빼앗기고 마는 일이 많습니다.

자기 관리를 잘하는 연예인은 자신을 드러내는 시점이나 빈도를 잘 조절합니다. 일을 많이만 하는 것이 중요한

것이 아님을 알기 때문이지요. 이처럼 누구나 자신을 관리하려면 절제가 필수입니다. SNS를 해도 적당한 회수로 등장해야지, 늘 거기서 살다시피 하면 더 이상 그 친구의 삶은 궁금하지 않은 법이니까요.

미용에 관한 욕심도 과하면 치료 목적을 넘어선 과도한 성형이 되고, 그것도 절제하지 못하면 중독이 되어 돌이킬 수 없는 경우가 있습니다. 멈출 때를 아는 것이 지혜인데, 참을성과 자제력이 있어야 멈출 수 있습니다.

절제를 잘하는 사람은 멋진 사람입니다. 무슨 말을 하려거든 세 번 생각하라는 말이 있습니다. 그것은 신중하게 행동하고, 절제하라는 뜻입니다. 모든 일에 그렇게 아끼고, 줄이고, 참으면 실수가 적은 듬직하고 멋진 사람이 될 수 있을 것입니다.

3. 하나님의 상도 절제하는 사람의 것

모든 사람의 인생은 이 땅의 삶으로 끝나지 않습니다. 사람이 죽게 되면 그 혼은 육체로부터 분리되는데, 천국과 지옥으로 나뉘게 됩니다. 천국과 지옥을 나누는 기준은 물론 예수 그리스도에 대한 믿음입니다. 오직 믿음으로만 사람은 천국을 차지할 수 있습니다. 그러므로 아직 구원받지 못한 친구들이 있다면 일단 거듭나야 합니다. 이것은 미룰 일이 아닙니다.

크리스천이 되면 심판을 면하게 됩니다. 예수 그리스도의 피로 우리의 주홍 같고 진홍 같은 죄가 가려졌기 때문입니다. 그런데 우리에게도 하나님 앞에서 정산할 일이 있습니다. 우리의 삶에 대한 회계 보고를 해야 하는 그리스도의 심판석이라는 것이 있기 때문입니다(롬 14:10, 고후 5:10). 이곳에서는 정죄가 아닌 보상을 결정하는데, 상이 없는 사람은 그냥 구원만 받게 됩니다. 그래서 구원받은 크리스천은 지옥을 피하기 위해 달리는 것이 아니라 주님이 주시는 보상을 받기 위해 달려가는 자들입니다.

> 경주할 때에 달리는 자들이 다 달릴지라도 한 사람이 상을 받는 줄을 너희가 알지 못하느냐? 너희도 상을 받도록 이와 같이 달리라. 이기려고 애쓰는 자마다 모든 일에서 절제하나니 이제 그

들은 썩을 관을 얻고자 그 일을 하되 우리는 썩지 아니할 관을 얻고자 하느니라(고전 9:24-25).

우리는 무엇으로 보상을 받을까요? 많은 헌금이나 선행이나 교회에 다닌 기간으로 보상을 받을까요? 그렇지 않습니다. 물론 여러 가지 행동들도 마음이 있어야 나오는 것이므로 영향이 없을 수는 없지만 우리의 태도, 우리의 행위에 따라 보상을 받습니다. 그래서 많은 일을 하는 것보다 중요한 것은 바르게 살고 온전하게 믿음을 지키며 하나님과 이웃 앞에 부끄럽지 않게 사는 것입니다. 그런데 위의 말씀에 이기려고 애쓰는 자는 무엇을 한다고 했나요? 바로 '절제'를 한다고 했지요. 그만

큼 우리 크리스천에게 필요한 것은 절제입니다. 매사에 참고, 견디고, 스스로를 잘 제어하는 것이 중요합니다.

미련한 자는 이 세상이 끝인 줄 알고 자기 배만 불리며 절제 없이 살아가지만 우리는 천국의 소망을 지닌 자들입니다. 영원한 천국에 비하면 이 땅에서의 시간은 점과 같고 안개와 같은 것입니다.

나이가 어릴수록 절제가 쉽지 않겠지만 조금씩이라도 참고 줄이는 습관을 길러 보세요. 그것이 오히려 편한 길입니다. 게다가 하나님의 큰 상이 여러분을 기다리고 있습니다. 그런 사람은 이 세상에서도 성공하고 행복하게 살아갈 능력이 길러져 남들보다 풍성한 삶을 살게 될 것입니다.

07.
GENTLENESS
온유

무조건 화를 참지 말고, 조절하는 법을 배우자!

- **GENTLENESS** ─────────────────────────

온유의 반대인 분노는 양면의 날과 같은 성품입니다.
물론 분노는 대부분 안 좋은 결과를 가져오기 때문에
조심하고 잘 다스려야 할 문제일 것입니다.

사회가 혼란스럽고 너무나 많은 사건 사고가 일어나다 보니
스트레스로 인한 분노가 차고 넘치는 세상입니다.
그런 분노를 다스리지 못하면 큰 사고나 범죄가 일어나기도 합니다.
그래서 분노에는 반드시 인내가 필요합니다.
화를 잘 다스리는 사람이 성숙한 사람입니다.

하지만 가끔 분노가 필요한 일도 있습니다.
부당한 일에 대해, 억울하고 불합리한 일에 대해서는
의로운 분노를 가질 필요가 있습니다.
그러나 어떤 경우에도 평정심을 유지하면서
분노를 정상적인 방법으로 표출하고
문화인답게 모든 일을 처리해야 할 것입니다.
분노의 다양한 측면을 보면서,
평소 자신이 분노를 어떻게 다루어 왔는지 돌아보기 바랍니다.

GENTLENESS
온유

1. 과도한 분노는 후회를 낳는다

 정도의 차이는 있어도 화가 없는 사람은 없습니다. 불합리한 것에 대한 분노는 당연한 것이며 인생을 살면서 자주 경험하는 감정입니다. 이것은 누구나 지닌 성품이지만 분노를 잘 조절하는 성품은 모두가 가지고 있지 못합니다. 매일 일어나는 엄청나게 많은 사고를 보면 잘 참지 못해서 일어나는 다툼이 대부분입니다.

 분노 때문에 일어난 가족 간의 갈등이나 참극, 아파트 층간 소음 등으로 인한 다툼…. 이런 일들로 스스로 목숨을 끊거나 전혀 관련 없는 엉뚱한 사람들에게

피해를 입히는 일들을 보면 안타깝기 그지없습니다. 대개는 조금만 참았더라면 넘길 수 있는 일들이었다는 점이 더욱 우리의 마음을 답답하게 하기도 합니다.

사람들은 조금 덜 먹고 덜 쓰면서 평안하게 살지 않고, 더 갖고 더 누리기를 원하다가 서로 비교하고 경쟁하는 과정에서 많은 좌절을 맛보고 또 분노하기도 합니다. 분노는 저절로 일어나지만 참고 견디는 것은 노력하고, 배우고, 훈련해야 한다는 점을 기억해야 합니다. 한 순간만 넘기면 큰 사고를 면할 수 있습니다.

그런 방법을 터득하기 위해서는 생각만으로는 안 됩니다. 여러분이 겪기 쉬운 부모님과의 마찰, 친구 간의 싸움, 네티즌들 간의 논쟁 등 여러 가지 분노의 순간이 오면 그 자리를 피해 일단 위기를 넘기는 지혜가 필요합니다. 화가 나는 이유는 다양하지만 그 분노의 최종 방아쇠를 당기는 것은 사소한 말 한 마디나 임계점을 넘어가는 작은 감정의 건드림 같은 것이기 때문입니다.

2. 분노를 늦출 줄 아는 사람

언젠가 좀 특이한 뉴스가 있었습니다. 어느 국가기관의 한 부서에서 벌어진 일이었는데, 그곳 사람들은 어느 날 부서 격려금으로 나온 70만원에서 10만 원 정도를 회식비로 쓰고 남겼다고 합니다. 남은 돈을 무엇에 쓸지 의논하는데 서로 의견이 맞지 않았고, 부서장의 의견이 관철되지 않았습니다. 결국 돈을 사용하는 문제가 골칫거리가 되었습니다. 그러자 놀랍게도 그 부서장은 문제의 남은 돈을 가져가 문서 파쇄기에 넣고 돌려버렸다는 것입니다. 돈을 훼손하는 일는 화폐법에도 저촉되는 일입니다.

이 일로 모두가 충격을 받게 되었는데, 얼마 후 그 부서장은 후회가 됐는지, 자기 돈 30만원을 부서원들에게 돌려주고 회사를 그만두기에 이르렀다는 것입니다. 크게 중요한 문제도 아닌데 조금만 참았더라면 직장을 그만두고 서로 얼굴을 붉히는 일은 없었을 텐데….

이처럼 분노를 참지 못하면 많은 것을 잃게 됩니다. 함께 일했던 좋은 사람을 잃고, 직장을 잃듯이 친구와 가족, 좋은 기회 등을 잃을 수 있는 것이지요. 마귀는 사람의 분노를 이용해 우리를 시험하고 곤경에 빠뜨립니다. 분노를 통해 우리가 파멸되기를 기다리는 것입니다. 그래서 온 세상이 분노로 가득할 때까지 펌프질을 하고 있습니다. 그래서 인간의 평생 숙제인 혈기와 분노는 영적인 싸움입니다.

> 너희가 마귀의 간계들을 능히 대적하며 서기 위해 하나님의 전신갑주를 입으라. 우리는 살과 피와 맞붙어 싸우지 아니하고 정사들과 권능들과 이 세상 어둠의 치리자들과 높은 처소들에 있는 영적 사악함과 맞붙어 싸우느니라(엡 6:11-12).

살과 피는 육신을 말합니다. 우리 크리스천의 싸움은 눈에 보이는 사람과 하는 것이 아니고 영적인 사악함을 지닌 어둠의 세력과 벌이는 전쟁이라는 것입니다. 그 싸움에서 이기려면 단순한 현상만을 보지 말고, 배후에 있는 마귀의 계략을 파악해 슬기롭게 그 상황을 넘길 줄 알아야 합니다. 그것이 쉬운 일이 아니지만, 분노를 늦출 줄 아는 사람은 정말 귀한 사람이라고 성경은 말씀합니다.

> 분노하기를 더디 하는 자는 용사보다 낫고 자기 영을 다스리는 자는 도시를 취하는 자보다 나으니라(잠 16:32).

물론 살다 보면 억울한 일도 있고, 싸울 일이나 하소연할 일도 적지 않습니다. 그런데 우리가 그 순간에 참고 인내하면 그 억울함을 하나님이 갚아 주시고, 그런 부당함을 제공한 사람이 부끄러움을 당하게 됩니다.

모세는 이방인인 에티오피아 여인과 결혼을 했는데, 이 일을

두고 어느 날 광야에서 그의 형과 누이인 아론과 미리암이 그를 비난했습니다. 그러나 모세는 그들과 다투지 않았습니다. 그러자 하나님께서는 모세가 하나님의 신실한 종이라고 말씀하시며 아론과 미리암을 불러 모세를 대신해 분노를 발하십니다. 그러자 미리암이 나병에 걸리게 되었는데, 놀란 아론이 모세에게 치유해 줄 것을 간청하여 모세의 기도로 미리암이 나병에서 벗어납니다. 민수기 12장의 이야기입니다.

화가 날 때는 그 자리를 피하거나 한 템포만 참으세요. 그리고 하나님께 기도해 보세요. 정 문제가 안 풀릴 때는 나서서 해결을 할 필요도 있을 것입니다. 다만 모든 일을 상식적이고 품위 있게 처리하는 것이 나중에 후회할 일을 만들지 않는 방법입니다.

3. 분노는 자연스러운 것

이제 그 사람 모세는 매우 온유하여 지면의 모든 사람보다 온유하였더라(민 12:3).

자, 이렇게 모세는 온유한 사람이었습니다. 그런 그도 분을 참지 못한 사건이 있었습니다.

그는 이집트 노예였던 히브리 사람들의 아기를 모두 죽이라는 파라오(바로)의 명령 때문에 바구니에 담겨 강에 버려지게 됩니다. 하지만 곧 파라오의 딸인 이집트 공주에게 발견되어 목숨을 건지게 되죠. 그리고 그는 이집트 공주의 아들로 성장하게 됩니다. 그러던 어느 날 모세는 자신의 동족을 해하는 이집트 사람을 보고 분을 이기지 못해 그를 쳐서 죽이고 도망을 하게 됩니다. 모세는 억압받는 동족들에 대한 연민과 이집트 사람의 폭거에 저항하여 분노했을 것입니다.

그는 또 자기 백성들을 이집트에서 탈출시키고 광야를 거쳐 가나안 땅을 향하는 도중 반석에서 물을 내 마시게 하라는 하나님의 명령을 수행할 때, 반석에게 말하는 대신 막대기로 두 번 내리칩니다.

그리고 40년 광야 생활을 하는 동안 지독하게 말을 안 듣던 자기 백성들에게 분을 냅니다. 모세와 그의 형 아론은 하나님의 명령대로 하지 않고, 하나님을 거룩히 구별하지 않은 잘못 때문에 가나안 땅에 들어가지 못하게 됩니다.

이처럼 화가 나고 분노가 일어나는 것은 모두에게 있는 일이고 자연스러운 현상입니다. 다만 그것을 잘 표출하고, 특히 하나님의 일에는 잘 처신을 해야 합니다.

> 너희는 화를 내도 죄는 짓지 말며 해가 지도록 진노하지 말고 마귀에게 틈을 주지 말라(엡 4:26-27).

이 말씀도 화를 낼 수 있음을 인정합니다. 그러나 분노 때문에 심각한 죄를 지어서는 안 되겠습니다. 부모님에게 불효를 저지르거나, 선생님을 모욕하거나, 친구에게 욕설을 하거나 타인에게 폭력을 행사하는 등의 일을 방지해야 합니다. 분노를 가능한 한 빨리 처리하는 것이 마귀에게 기회를 주지 않는 방법입니다.

> 나는 너희에게 이르노니, 누구든지 까닭 없이 자기 형제에게 화를 내는 자는 심판의 위험에 처하게 되고 누구든지 자기 형제에게, 라가(바보), 하고 말하는 자는 공회의 위험에 처하게 되거니와 누구든지, 너 어리석은 자여, 하고 말하는 자는 지옥 불의 위험에 처하게 되리라(마 5:22).

이 말씀을 보면 자기 형제에게도 화를 낼 수 있음을 볼 수 있습니다. 어떤 성경에는 '까닭 없이'라는 말이 빠져 있어서 화를 내면 무조건 지옥이라도 가는 것으로 아는 사람들이 있지만 그렇지는 않습니다. 아무 이유도 없이, 그럴 만한 이유가 없는데 화를 내서는 안 된다는 것을 알려 주는 말씀입니다.

어떤 사람들은 예수님이 성전을 어지럽히는 자들을 채찍으로 내쫓으신 사건이나 바리새인과 서기관들에게 독설에 가까운 말씀을 하신 것을 두고, 예수님도 화를 냈으니 화내는 것이 별일 아니라고 하지만, 예수님은 하나님의 아들이며 하나님의 본체이신 분입니다. 그분이 권위를 가지고 하나님께 경배하는 집을 더럽히는 자들이나 위선자들에게 하신 일들을 우리가 본받으면 안 됩니다. 다만 분노 자체를 너무 죄악시할 필요는 없겠습니다. 무작정 억누르면 나중에 더 크게 터지는 것이 사람의 심리입니다. 그러므로 화가 날 때는 그 원인을 찾아 해결할 수 있도록 노력하고, 최대한 참으면서 하나님의 도우심을 구하는 지혜가 필요합니다.

4. 피스메이커(peacemaker)가 되어라

현대인들은 많은 스트레스 속에서 살아갑니다. 자기만 생각하지 말고 서로 배려하는 마음이 필요합니다. 가장 많이 부딪히게 되는 가족들과의 생활에서도 서로 조심해야 합니다. 가족이니까 그래도 된다는 생각은 버리고, 가족일수록 더 조심하고 더 존중한다는 마음으로 서로 화가 나는 일을 만들지 않도록 방지해야 합니다.

> 부드러운 대답은 진노를 돌이키거니와 가혹한 말들은 분노를 일으키느니라(잠 15:1).

자신을 잘 다스리는 것은 어려운 일이지만 불가능한 것은 아닙니다. 인간이 유인원에서 진화되었다고 진화론자들은 주장하지만 증거는 없습니다. 「킹콩」 같은 영화에 나오듯이 유인원은 사람보다 힘이 훨씬 셉니다. 그러나 그들은 힘을 쓰는 근육을 조절하는 미세한 장치가 부족하다고 합니다. 사람은 유인원보다 힘은 약해도 근육을 제어하고 조절하는 장치가 있어서 자기 힘을 이성에 따라 제어할 수 있습니다. 이것이 진화론을 따르는 과학자들이 인정한 인간과 유인원의 다른 점 중 하나입니다. 이처럼 그들 중 양심이 있는 사람들은 스스로 유인원

진화설이 과학적 신빙성이 없음을 알고 반박서를 펴내기도 하는데, 그 연구 결과 중 하나입니다.

인간은 동물과 완벽하게 다른 존재입니다. '짐승만도 못한 인간', '인면수심' 등의 표현이 있지만 그래도 인간은 문명을 이룰 수 있는 존재로 처음부터 만들어졌습니다. 그래서 마음 속의 화를 다스릴 수도 있고, 엄청난 스트레스 속에서도 평정심을 유지하기 위해 애쓰는 것입니다.

전쟁과 식민 통치의 어두운 역사를 살아온 우리 민족은 일본과 북한 등에게 무섭고 악한 일들을 당하며 살아왔습니다. 그 일들은 지금도 끝나지 않았습니다. 그러나 그 큰 한을 품고도 상식적으로 참으며 살아왔기에 세상은 평화가 유지되는 것입니다. 어떤 사람은 분노를 촉발하고 부추기는 역할을 하지만 귀한 사람들은 평화를 유지하는 피스메이커(peacemaker) 역할을 합니다.

몹시 노하는 자는 다툼을 일으켜도 분노하기를 더디 하는 자는 다툼을 그치게 하느니라(잠 15:18).

이 말씀처럼 세상에는 두 종류의 사람이 있습니다. 여러분은 분노를 몰고 다니는 사람을 멀리하기 바랍니다.

그리고 여러분이 가정과 학교와 세상에서 평화를 사랑하고 화평을 가져오는 사람이 되기를 바랍니다. 분노는 대개 우발적입니다. 화가 '울컥' 할 때, 심호흡을 한번 해서 참아 범죄를 면하고, 돌아오지 못할 강을 건너지 않아도 됩니다.

사람들은 다툼이 나면 오히려 은근히 즐거워하며 싸움을 붙입니다. 그러나 싸움을 말리는 사람이 되어야 합니다. 싸우는 사람들은 말리면 더 오버하는 경향이 있지만, 그 싸움의 약자는 누군가 말려 주기를 간절히 바랄 수도 있습니다. 항상 약한 사람의 편에 서는 사람이 되어야 합니다. 그것이 하나님의 뜻입니다.

요즘은 지하철 같은 공공장소에서 싸움이 나도 나서서 말리는 사람이 거의 없습니다. 괜한 싸움에 말려들어 손해 보고 싶

지 않다는 것이지요. 그러나 세상이 아무리 메말라도 사람은 혼자 살아갈 수 없습니다. 그런 일을 만나면 최대한 조심하면서, 슬기로운 방법으로 상황에 대처하는 사람이 되어야 합니다. 그런 사람이 정말 멋진 사람입니다. 여러분은 가는 곳마다 평화를 몰고 오는 피스메이커가 되기를 바랍니다.

5. 의로운 분노도 필요하다

한편 피스메이커는 온유함만으로 되는 것은 아닙니다. 의분, 즉 의로운 분노가 필요합니다. 탐욕스러운 자들이 가난한 이들을 착취하거나, 이단이 그리스도인들을 현혹하거나, 진화론자들이 거짓 과학으로 인도하거나, 자유주의 신학이 성경을 훼손해도 전혀 분노가 일어나지 않는다면 모두가 악한 자들의 밥이 되고 말 것입니다.

사도 바울은 아테네에 갔다가 그들의 미신적인 모습을 보고 격분한 일이 있었습니다.

> 이제 바울이 아테네에서 그들을 기다릴 때에 그 도시가 온통 우상 숭배에 빠진 것을 보매 그의 영이 속에서 격동하므로(행 17:16)

이런 일에도 분노를 느끼지 못했다면 그는 위대한 사도가 될 수 없었겠지요. 그럼에도 불구하고 사도 바울은 분노를 감추고 차분히 그들에게 참 하나님을 설명했습니다(행 17:23-24).

바울은 참으로 멋진 사도입니다. 화가 났지만 즉시 '버럭' 하지 않고, 오래 참으며 문제의 원인을 찾아 의연하게 대응하여 하나님의 사역을 향해 나아갑니다. 이것이 바로 분노라는 감정의 바른 처리 방법이며, 자기에게도 좋은, 슬기로운 방법입니다. 심지어 마귀에게 대적하여 싸우는 것조차 말씀과 성령님으로 전신갑주를 입고 방어하는 것이지, 섣불리 쫓는다며 맞서서 공격하는 것은 아닙니다.

조심해야 할 것은 자기가 화를 내고는 자기 분노를 의로운 분노, 거룩한 분노로 포장하는 일입니다. 그것이 정말 의로운 분노였는지는 그 일로 인해 벌어지는 열매가 말해 줄 것이며 나중에 그리스도의 심판석에서도 드러날 것입니다.

분노에 관한 어설픈 대처는 마귀에게 틈을 보이는 것이므로, 우리를 분노하게 만드는 것들의 겉모습만 보지 말고, 원인을 잘 파악해 지혜롭고 현명하게 대처해야겠습니다.

08.
CONSIDERATION
배려

내가 바라는 만큼 베푸는 따뜻한 마음

● **CONSIDERATION** ───────────────

배려는 남의 마음을 헤아리는 귀한 성품입니다.
내가 이렇게 말하면 저 사람의 마음이 어떨까?
내가 이렇게 행동하면 저 사람은 어떤 느낌을 받을까?
내 말이나 행동에 불쾌감을 느끼거나 오해를 하지는 않을까?
이런 세심한 마음을 가지고 행동하는 것이 바로 배려입니다.

배려를 잘하는 사람은 감성이 풍부하고
공감 능력이 뛰어난 사람입니다.
또한 남을 존중할 줄 아는 인격적인 사람일 것입니다.
더불어 살아가는 세상에서 반드시 지녀야 하는 성품이
바로 최소한의 배려입니다.

세상이 점점 이기적으로 변해가는 것은 배려심이 없기 때문입니다.
함께 화평을 이루며 살기 위해 꼭 필요한 배려 깊은 사람은
어느 모임에서나 피스메이커 역할을 충실히 하는 사람이겠지요.
이런 사람은 늘 모두에게 기쁨을 주고,
행복을 나누어주는 사람일 것입니다.
내가 배려심이 없는 사람은 아닌지 꼭 체크해 봐야겠습니다.

CONSIDERATION
배려

1. 배려는 권장 사항이 아니라 의무

일상 속에서 가장 꼴불견인 사람은 누구일까요? 다 같이 지키기로 한 것들을 지키지 않는 사람입니다. 지하철 좌석을 자기 집 소파처럼 쓰는 속칭 쩍벌남, 버스에서 옆에 가방을 놓고 자리 두 개를 다 차지하고 있는 사람, 쓰레기봉투에 담지도 않은 쓰레기를 남의 집 앞에 무단 투기하는 사람 등등…. 사소한 공중도덕을 지키지 않는 모습이겠지요. 어떤 사람은 카페에서 커피 한 잔 주문해 놓고 네 사람 좌석을 다 차지하고 앉아 하루 종일

스마트폰 충전하고, 노트북으로 공부나 업무를 하기도 합니다. 심지어 셋이 와서 한 사람당 네 좌석씩, 총 12개 의자를 차지하고 자기 사무실처럼 일을 하는 사람들이 구설수에 오른 적이 있었답니다.

이런 사람들은 남을 배려할 줄 모르는 사람들입니다. 그러면서도 다른 사람들이 자기한테 잘못하는 것은 오히려 참지 못하고 용납할 줄 모르기도 하지요. 수많은 사람들이 함께 살아가는 이 세상이 그나마 잘 돌아갈 수 있는 것은 서로 조심하며 조금씩 양보하고 참기 때문입니다. 자기 이득만 생각하는 세상은 정말 끔찍한 곳이 아닐 수 없습니다.

모두가 알아서 잘 배려한다면 좋겠지만 그렇지 않기 때문에 세상에는 법이 있습니다. 법은 지키지 않는 사람을 처벌하기 위해 있는 것이 아니라 그 안에서 지킬 수 있도록 가이드라인을 제시한 것입니다. 그래서 남을 잘 배려하고 질서 있게 사는 사람에게는 법이 있으나 없으나 별 차이가 없습니다.

또한 법으로 제정되어 있지는 않지만 사소한 규율이나 무언의 예절도 중요하지요. 한 예로, 반려동물을 기를 때는 귀여운 것만 생각하지 말고, 자기가 기를 능력이 되는지, 짖는 소리로 이웃에게 피해를 주지 않을 수 있는지, 산책 때 배설물을 책임지고 잘 치울 수 있는지 생각하고 결정해야 합니다. 그런 것을 생각하지 못해서 얼마나 많은 동물들이 주인에게 버림을 받고 비참한 상태가 되는지 모릅니다. 그것은 반려동물이나 타인을 전혀 배려하지 못하는 태도입니다. 능력이 없으면 자기 즐거움도 포기해야 맞는 것이 아닐까요?

  배려가 깊은 사람이 되려면 항상 주변을 돌아보고 민감하게 반응할 수 있어야 합니다. 버스를 타도 자기가 교통카드 단말기를 가리고 서지 않았는지, 자리에 앉았을 때는 임산부나 어르신이 서 있는지 살피고 배려할 줄 알아야 합니다. 길을 걸을 때는 나와 남을 위해서 이어폰 소리도 줄이고, 차가 오는지, 무슨 사고라도 나지 않는지 알 수 있도록 최소한의 관심을 가져야 합니다. 그런 습관을 몸에 배게 하면 세상을 더 편하고 기분 좋게 살아갈 수 있을 것입니다. 주변이 어떻든지 나만 즐거우면 되는 것이라는 생각을 버리고 가장 기본적인 것부터 지켜 나가면 좋을 것입니다.

  남이 아플 때 함께 울고, 남이 기쁠 때 함께 기뻐해 줄 수 있는 마음 따뜻한 사람이 되어야 합니다. 남의 비극을 조롱하고, 남의 업적과 기쁨을 깎아내리는 옹졸한 사람이 되어서는 안 됩니다. 항상 자기보다 약한 사람을 돌볼 줄 알아야 합니다. 가장 비겁하고 못난 사람이 강자한테는 약하고, 약자한테는 강한 사람입니다.

> 기뻐하는 자들과 함께 기뻐하고 슬피 우는 자들과 함께 슬피 울라. 서로를 향해 같은 생각을 가지며 높은 것들에 생각을 두지 말고 도리어 낮은 처지의 사람들에게 겸손히 행하며 스스로 지혜 있는 것으로 여기지 말라(롬 12:15-16).

함께 사는 세상을 배려로 채워 가면 자신이 먼저 기쁘고 편안합니다. 먼저 나의 배려 지수를 잘 돌아보세요. 그리고 조금 더 나은 사람이 되기 위해 내가 놓치고 있는 것이 없는지 주위를 살펴보기 바랍니다.

2. 예수님이 가르치신 배려, 역지사지

배려는 남도 나처럼 소중한 존재임을 인정하는 데서 시작합니다. 남의 마음을 돌아보려면 입장을 바꿔서 생각하면 간단합니다. 사자성어로 역지사지(易地思之)라고 하는 것이지요. 그런데 이런 생각은 일찍이 예수님이 가르치신 것입니다.

> 사람들이 너희에게 해 주기를 바라는 대로 너희도 그들에게 그와 같이 하라(눅 6:31).

내가 받고 싶은 대로 남에게 해 준다면 그보다 더 좋은 대우를 할 수 없겠지요. 그러므로 예수님께서는 '네 이웃을 네 몸과 같이 사랑하라'고 하신 것입니다. 이것은 가장 이상적인 배려의 방법입니다. 그래서 사람들은 이것을 황금률(黃金律, the golden rule)이라고 불렀습니다. 가장 값진 법, 가장 귀한 규칙이라는 뜻입니다.

예수님은 역지사지를 가장 잘 실천하신 분입니다. 만왕의 왕이자 창조주 하나님의 본체이신 예수님이 가장 낮고 천한 곳에 온전한 사람으로 오셨기 때문입니다. 이것은 그 어떤 것보다 놀라운 신비입니다. 바로 그런 이유 때문에 예수님은 모든 자의 친구가 되실 수 있었던 것이지요.

전지전능하신 성자 하나님은 죄로 죽게 된 인간의 답답함과 아픔을 헤아리시고 직접 인간이 되셔서 인류의 죄 문제를 완전히 해결해 주셨습니다. 오직 짐승이 아닌 우리와

친족인 사람, 그것도 죄가 없는 피를 지닌 사람만이 모든 죄를 제거하는 참된 희생물이 될 수 있기 때문입니다. 그 때문에 하나님은 이미 우리의 마음을 아셨고 우리의 고통을 함께 느끼시는 분입니다.

우리 주님은 이 땅에 오실 때부터 낮은 자에게 관심을 두시고, 낮은 자인 처녀 마리아를 통해 오셨습니다.

> 마리아가 이르되, 내 혼이 주를 크게 높이고 내 영이 하나님 곧 내 구원자를 기뻐하였나니 이는 그분께서 자신의 여종의 낮은 처지에 관심을 두셨기 때문이라. 보라, 이제부터 모든 세대가 나를 가리켜 복이 있다 하리로다(눅 1: 46-48).

그런데 우리 인간은 늘 강하고 부유하고 높은 자들에게 더욱 관심이 많습니다. 그런 태도는 예수님을 본받는 생각이 아닙니다. 사람은 누구나 낮고 천하며 보잘것없는 존재입니다. 그것을 인정한다면 내가 남에게 받고 싶은 그 마음으로 남을 불쌍히 여길 수 있을 것입니다.

우리는 역지사지의 지혜를 예수님으로부터 배워야 합니다. 예수님은 당신이 사랑하신 낮은 자들만큼 굶어 보셨고, 조롱당하며 맞아 보셨고, 슬프고 외롭기도 하셨으며, 심지어 죽기까지 하셨습니다. 그런 주님을 본받아 욕심을 버리고, 서로 돕는 사랑의 마음으로 말씀을 실천해야겠습니다. 가장 가까운 곳에서부터 시작하세요.

3. 배려해서는 안 될 것들도 있다

 어떤 사람들은 모든 경우에 모든 사람과 모든 것을 배려하는 것이 미덕이라고 생각하기도 합니다. 그러나 배려를 해서는 안 될 것들이 있습니다.
 먼저 악한 자들을 배려하면 안 됩니다. 악한 자들을 용납하고 그들의 편의를 봐주게 되면 세상 질서가 흐트러집니다. 그런 자들은 죄를 짓는 연약함은 불쌍히 여기되 공평한 법으로 다스리고 자유를 구속해야 합니다. 그것이 그들을 정말로 돕고 배려하는 것입니다. 가끔씩 범죄자인 자기 자식을 직접 경찰에 신고하는 부모들이 있습니다. 자식을 고발하여 벌주고 싶은 부모가 어디 있을까요? 그러나 바른 삶을 살게 하기 위해 힘든 결정을 내리는 것입니다.
 자식의 잘못을 감추고 숨기고, 돈으로 무마하면서 무작정 감싸는 이들도 있습니다. 이들은 자녀를 배려하는 것이 아니라 망치는 것입니다. 이렇게 배려의 대상을 혼동하면 그 결과는 부메랑이 되어 자신에게 돌아올 것입니다.

가능하다면 너희가 할 수 있는 대로 모든 사람과 화평하게 지내라(롬 12:18).

이 말씀처럼 우리는 최대한 많은 이들과 화평을 이루어야 합니다. 그러나 '가능하다면'이라는 단서가 붙어 있지요. 그것이 가능하지 않은 경우에까지 무조건 화평을 생각한다면 세상을 혼란에 빠뜨리고 말 것입니다.

전 세계를 테러의 공포로 몰아넣고, 수백 명의 여학생을 납치해 강제로 아내로 삼으며, 기독교인을 말살하려는 이슬람교도들을 어디까지 배려해야 할까요? 자유를 억압하고 종교의 자유를 인정하지 않는 공산주의를 언제까지 배려하겠습니까?

세계대전을 일으키고도 반성하지 않는 침략 국가 일본의 우익들이 아무 반성도 하지 않는데 그냥 손을 내밀어야 할까요? 마찬가지로 나라를 팔아먹고도 모자라 지금껏 기득권을 쥐고 살면서 비리를 저지르는 국내의 많은 친일파 후손들을 역사의 심판과 청산도 없이 그저 용서하고 품어야 할까요? 무조건 증오하자는 것이 아닙니다. 질서를 세우고 공의를 확립해야 다 함께 잘 살 수 있는 세상이 된다는 것입니다.

그리고 무엇보다도 예수 그리스도를 통해서만 얻는 구원을 부정하고, 다른 종교를 통해서도 구원을 받을 수 있다는 거짓말로 많은 이들을 속이는 무리들을 용납하고 배려해야 할까요?

우리가 사람을 배려하기 전에 잊지 말아야 할 것이 있습니다. 그것은 바로 하나님의 영광과 거룩하심이 훼손되는 것입니다. 하나님이 우리의 죽게 된 처지를 배려하신 것처럼 우리도 가장 먼저 하나님을 생각해야 합니다. 그래서 정확히 구분할 것을 구분하고 자를 것은 잘라야 합니다. 그것이 참된 배려이기 때문이지요.

너희는 믿지 않는 자들과 더불어 공평하지 않게 멍에를 같이 메지 말라. 의가 불의와 무슨 사귐을 갖겠느냐? 빛이 어둠과 무슨 친교를 나누겠느냐? 그리스도가 벨리알과 무슨 일치를 보겠느냐? 혹은 믿는 자가 믿지 않는 자와 무슨 몫을 나누겠느냐?

(고후 6:14-15)

하나님 외에 타 종교로도 구원받을 수 있다고 주장하는 이들까지 용납하려 한다면 그것은 배려를 잘못 이해하고, 오해하는 것입니다. 그것은 배려의 차원을 넘어선 문제인 것입니다. 불의와 타협하는 것과 배려를 혼돈해서는 안 됩니다. 이것은 매우 위험한 태도이고 하나님께서 가장 싫어하시는 것 중 하나입니다.

다른 사람 안에는 구원이 없나니 하늘 아래에서 우리를 구원할 다른 이름을 사람들 가운데 주지 아니하셨느니라, 하였더라

(행 4:12).

우리가 범죄자의 인격도 무시해서는 안 되지만, 죄를 가볍게 여기고 배려하면 안 되듯이 길이 아닌 것을 평화를 이유로 용납하다 보면 더 큰 혼란에 빠지게 됩니다. 그것은 배려가 아닌 위선입니다. 배려해야 할 것과 그러면 안 되는 것을 잘 구분하는 것이 중요합니다. 우리가 친구들을 잘 배려하고 존중할 필요가 있습니다. 그 친구가 믿는 종교도 무작정 비난할 필요는 없습니다. 그러나 그 종교가 하나님의 자리를 넘볼 때, 내가

크리스천이라면 그것을 용납하고 인정할 수는 없음을 분명히 밝혀야 합니다. 사람보다 하나님을 먼저, 성경을 모든 사상보다 높은 곳에 두는 것이 올바른 우선순위임을 잊지 말아야 합니다.

09.
COMPLIMENT
칭찬

칭찬의 효과 & 칭찬의 역효과

COMPLIMENT

다른 사람을 칭찬하는 것은 참 좋은 습관입니다.
칭찬은 누군가를 기분 좋게 하고 용기를 주는 일이니까요.

그래서 여기저기서 칭찬 릴레이를 진행하기도 했고,
칭찬의 효과를 다룬 책들도 많이 나왔습니다.
사람이 칭찬을 듣게 되면 마음이 열리며
앞으로 더 잘해야겠다는 생각도 들기 때문에 힘이 납니다.
실패했던 사람도 칭찬을 통해
다시 한 번 힘을 내고 도전할 수 있으니
마음의 좋은 약이 칭찬이라고 할 수 있을 것입니다.

서로 비난하고 문제만 들추기보다는
칭찬을 통해 세워나가는 것이 좋겠지요.

그러나 칭찬이 무조건 좋은 것만은 아닙니다.
칭찬은 사람을 자만에 빠뜨릴 수 있습니다.
또한 정당하지 못한 칭찬이나 다른 목적으로 하는 칭찬,
아첨 같은 것과 구별되는 칭찬만이
비로소 성품으로써 빛을 발할 수 있습니다.

COMPLIMENT
칭찬

1. 자기보다 남을 높게 평가하기

 사람은 자기 자신에 대해서는 언제나 너그럽습니다. 그래서 남은 혹평하면서 자기 능력이나 소유에 대해서는 높이 평가하곤 합니다. 그래서 부모님들은 고슴도치처럼 자기 아이가 제일 예쁘다고 생각하기도 하고, 어떤 친구는 자기 친구가 연예인 누구를 닮았다며 소개를 해 주지만 나가 보면 영 아닌 경우가 있지요. 남들의 생각이나 경험은 대단치 않게 여겨 악플을 달면서도 자기가 하는 일은 대단해 보여서 자랑하느라 열심히 SNS에 올리기도 하고, 관심을 받으려 애쓰기도 합니다.
 그러나 성경은 나보다 남을 더 낫게 여기라고 말씀합니다. 남은 낮게 여기고 자신은 높게 여기는, 자아도취에 빠진 사람들은 교만함으로 실수를 하기 쉽습니다. 하나님은 겸손하고 자신을 낮추는 사람을 찾으십니다.

어떤 일도 다툼이나 헛된 영광으로 하지 말고 오직 겸손한 생각으로 각각 자기보다 남을 더 낫게 여기며 각 사람이 자기 일들만 돌아보지 말고 각 사람이 남의 일들도 돌아보라(빌 2:3-4).

이런 마음으로 진심을 담아 칭찬해야 합니다. 칭찬에 인색한 사람은 마음이 좁고 쿨하지 못한 사람입니다. 일단 잘한 일에 대해서는 아낌없이 마음을 담아 칭찬해 줍시다.

한편 내가 잘했더라도 칭찬을 너무 바라는 것은 좋지 않습니다. 특히 하나님과 이웃을 위해 무언가 했을 때, 아무도 알아주지 않는다 해도 하나님께서 기억하시므로 너무 사람들의 시선이나 평가를 기대할 필요가 없습니다. 하나님의 일은 사람의 칭찬을 바라지 말고 마땅히 해야 할 일로 여겨야 하는데, 봉사를 하고도 사람이 알아주지 않으면 서운해 하는 경우가 우리 주변에 많지요.

내가 지금 사람들을 설득하느냐, 하나님을 설득하느냐? 혹은 사람들을 기쁘게 하려고 애쓰느냐? 내가 아직도 사람들을 기쁘게 한다면 결코 그리스도의 종이 아니니라(갈 1:10).

하나님의 종이라면 아무리 큰일을 했어도 자신을 낮추고, 마땅히 할 일을 했다는 생각으로 다 잊고 앞만 보고 나가야 합니다.

이와 같이 너희도 명령받은 그 모든 일들을 다 행한 뒤에 이르기를, 우리는 무익한 종이니이다. 우리는 해야 할 우리의 의무를 하였나이다, 하라, 하시니라(눅 17:10).

2. 결과를 냉정하게 평가하기

아무에게나, 또 아무 때나 칭찬을 해선 안 됩니다. 칭찬을 너무 안 해도 문제지만 너무 남발해도 그 가치는 떨어지기 마련이니까요. 칭찬을 밥 먹듯이 하는 사람의 말은 별로 중요하지 않게 되죠. 내가 뭐만 올리면 '좋아요'를 누르는 친구는 습관적으로 하는 것처럼 보여서 나중에는 별 감흥이 없게 되는 것과 같은 것입니다.

그러면 언제 칭찬을 해야 할까요? 결과에 맞는 정당한 칭찬이 진짜 칭찬입니다. 아직 일이 끝나지도 않았는데 무조건 잘

한다, 잘한다 하는 것은 좋지 않습니다. 어떤 일을 마쳤을 때, 그 결과를 보고 칭찬을 해야지요. 물론 과정도 칭찬받을 만 해야겠지요. 예수님의 달란트 비유에서도 작은 일을 충실히 수행한 자에게 주인이 그 일에 대한 칭찬을 하면서 큰 상도 함께 줍니다.

> 그가 그에게 이르되, 잘하였도다, 선한 종아, 네가 매우 작은 일에 신실하였은즉 열 도시를 다스릴 권세를 차지하라, 하니라 (눅 19:17).

이렇게 결과를 보고 하는 것입니다. 또 칭찬을 할 때는 적당하게 해야 합니다. 분에 넘는 과도한 칭찬은 오히려 상대방에게 도움이 되지 않습니다. 사람들에게는 정당한 평가가 필요합니다. 내가 어느 정도를 이루었는지, 그 수준이 어떤 것인지 본인이 알아야 더 분발하고 만족할 수 있으니까요.

사람이 어떻게 모든 일을 다 잘할 수 있을까요? 무조건 칭찬만 하면 좋은 것이라는 생각을 버리고, 잘한 것과 잘못한 것을 제대로 평가해 주고 잘한 것에 대해 확실하게 칭찬을 해 주는 것이 좋습니다. 그래야 남에게 유익이 되는 친구가 될 수 있습니다. 앞에 비유의 주인도 무엇을 칭찬했나요? 주인의 말을 충성스럽게 듣고, '작은 일에 신실한 것' 그것을 칭찬한 것입니다. 그런 행동은 매우 중요한 자세입니다. 그래서 그에게 열 개의 도시를 다스리는 큰 권한이 주어진 것이지요.

> 그분께서 그들에게 이르시되, 너희는 사람들 앞에서 너희 자신을 의롭게 만드는 자들이나 너희 마음을 하나님께서 아시나니 사람들 가운데서 높이 평가받는 것은 하나님 보시기에 가증한 것이니라(눅 16:15).

적정선을 넘는 칭찬은 하나님 앞에서 가증한 일이라고 했습니다. 그것은 듣는 이에게 오히려 독이 될 수 있습니다. 칭찬만 들은 사람은 방심하게 되고, 자신을 과대평가하면서 현실 감각이 떨어져 일을 그르칠 수 있습니다. 그러므로 적절한 평가와 그에 맞는 칭찬이 중요하다는 것, 잊지 마세요.

3. 과도한 칭찬은 안 하느니만 못하다

 칭찬은 어떤 일의 목적이 되어서는 안 됩니다. 칭찬은 상대방이 더 잘하게 만들기 위한 수단이 아닙니다. 칭찬할 일도 없는데 듣기 좋은 말만 하는 것은 순수하지 못한 것입니다. 마음에 없는 칭찬은 공허하고, 더 큰 능력을 뽑아내기 위해 하는 칭찬은 듣는 사람도 다 눈치챌 수 있습니다. 잘한 것도 없는데 칭찬을 들으면 마음에 부담만 생기고 참된 기쁨이 없으므로 진심이 아니면 칭찬하지 않는 것이 좋습니다.
 처세술을 말하는 이들은 칭찬을 통해 학생이나 직장인의 능력을 배가시킬 수 있다고 말하지만 실제로는 그렇지 않습니다. 실제로 실험을 해보면 자기 점수보다 과도한 칭찬을 받은 아이들은 마음에 짐을 느끼고 차라리 아무 이야기도 듣고 싶지 않게 되죠. 칭찬을 들은 만큼 다음에는 성적을 올려야 하는 부담과 숙제를 떠안아야 하기 때문입니다.

 철학자 블레이즈 파스칼은 '찬사는 어려서부터 모든 것을 그르친다'는 말을 남겼습니다. 왜 그랬을까요? 어떤 부모들은 어린 자녀가 다른 집 아이들보다 빨리 구구단을 외우거나 알파벳을 읽어 내기라도 하면 혹시 천재가 아닐까 오해하곤 합니다. 그래서 조기교육, 영재교육 등을 생각하는 이들이 많습니다. 그러나 초등학교, 중학교, 고등학교로 올라갈수록 목표치는 명문대에서 점점 더 낮은 곳으로 내려가게 되지요. 그런 과정에서 자녀들은 자기가 무슨 잘못이라도 한 것처럼 느끼게 됩니다. 부모님의 기대에 부응하지 못하는 사람, 노력이 부족한 사람, 할 수 있는데 안 하는 사람처럼 패배감을 맛보게 됩니다. 어릴 때부터 들은 과도한 칭찬이 사람을 그렇게 만드는 것입니다. 칭찬에 중독되어 칭찬이 없으면 무기력해지는 유아적 습관을 버리지 못하게 됩니다.

또 어릴 때는 부모님이나 부모님의 지인들이 인사치레 겸 "잘생겼구나", "예쁘게 생겼네" 이런 말을 자주 하시지만 그게 꼭 진짜 잘생기고 예뻐서 그런 것이 아닌데 착각을 하고 삽니다. 그러다가 나중에 현실이 보이고, 더 이상 그런 칭찬을 듣지 못하게 되면 자기가 못난 사람인 것처럼 생각이 들어 외모에 과도한 콤플렉스를 갖게 되거나, 현실을 몰라서 왕자병과 공주병 환자가 될 수도 있습니다. 또한 잘난 친구나 연예인과 비교하며 성형 열풍이나 지나친 외모 지상주의에 빠지게 되는 것이지요. 이런 차원에서 파스칼은 사람으로 하

여금 현실을 직시하지 못하게 하고 늘 허황된 꿈만 꾸게 만드는 칭찬은 조심해야 한다고 말한 것입니다.

칭찬은 고래도 춤추게 한다는 것은 어느 정도 사실입니다. 그런데 사람에게 정말 필요한 것은 들떠서 추는 춤이 아니라 겸손이지요. 늘 교만을 조심하고 겸손을 배워야 할 사람에게 사탕발림이든 진짜 칭찬이든 자꾸 듣게 하는 것은 결코 좋은 영향을 미칠 수 없다고 할 수 있습니다.

예수님도 칭찬을 종종 하셨지만 항상 어떤 이들의 믿음이나 자세를 칭찬하셨고 다른 목적이 없었습니다. 예수님 자신을 더 잘 따르게 한다든지 더 잘하게 만들려는 의도 같은 것은 없었다는 것이지요. 좋은 믿음에는 아낌없이 칭찬을 하셨던 예수님은, 부하의 병을 낫게 해 달라고 찾아온 백부장, 예수님께서 직접 오시지 않아도 주님은 하나님의 아들이므로 고쳐 주실 수 있음을 믿었던 그에게, 이스라엘에서 가장 큰 믿음을 소유했다는 극찬을 하셨습니다.

예수님께서 그 말을 들으시고 놀라사 따르던 자들에게 이르시되, 진실로 내가 너희에게 이르노니, 이스라엘에서 이렇게 큰 믿음은 내가 결코 보지 못하였노라(마 8:10).

예수님의 희생을 앞두고 값비싼 향유를 예수님께 드린 여자에게도 그녀의 일이 언제까지나 잊히지 않게 기념하라는 큰 칭찬을 하셨습니다(막 14:9).

그래서 이들의 이야기는 영광스럽게도 성경에 기록되는 복을 받았습니다. 이처럼 예수님은 항상 결과에 대해 칭찬하셨지, 중간에 아무렇게나 칭찬하시거나 그 칭찬을 통해 사람의 능력을 끌어내는 일은 하지 않으셨습니다. 사람의 칭찬이 없어도 우리 주님은 다 보고 계시고 다 알고 계십니다. 낙심하지 말고 목표를 향해 꾸준히 나아가다 보면 참된 칭찬을 얻을 날도 있을 것입니다.

칭찬은 양면의 날과 같은 속성을 지녔다는 것, 이제 알았죠? 그렇다고 칭찬에 인색하거나 거부감을 가질 필요는 없을 것입니다. 단지 정당하게 잘한 일에 대해 다른 목적 없이 담백하게 칭찬하고, 듣는 사람도 자신의 공로가 아닌 하나님께 감사하는 계기로 삼는 것이 좋겠습니다.

10.
GOOD TIMEKEEPER
시간약속

시간을 관리하지 못 하면 아무것도 할 수 없어!

GOOD TIMEKEEPER

사람은 모두가 시간에 매인 존재입니다.
시간을 뛰어넘을 수 있는 것은 오직 하나님뿐이며
어떤 천사나 마귀도 시간의 제약을 벗어날 수 없습니다.
시간을 뛰어넘는다는 것은
모든 공간에 존재할 수 있음을 의미하는데,
이는 무소부재하다는 것이며 결국 전지전능하다는 뜻입니다.

그래서 사람은 시간의 틀에 갇혀 있으며,
시간의 지배와 영향을 받습니다.
처세술을 말하는 이들은 시간을 지배하라고 하지만
그것은 그저 시간을 잘 관리하라는 뜻으로 받아들이면 될 일입니다.

누구에게나 시간은 부족하고, 쫓기기 쉽기 때문에
이에 대한 바른 관념을 지녀야 합니다.
그래야 우리의 삶이 편해지고
타인에게도 피해를 주지 않을 수 있습니다.
우리는 시간에 대해 어떤 태도를 취해야 할까요?

GOOD TIMEKEEPER
시간약속

1. 약속을 지키는 사람이 잘 된다

시간관념은 결국 약속을 잘 지키기 위한 것입니다. 이는 책임감을 말하는 것이기도 하지요. 모든 종류의 약속은 잘 지켜져야 합니다. 지하철이 1분만 늦게 와도 많은 일들이 연쇄적으로 어그러집니다. 심지어 앞뒤 차량 간격이 안 맞으면 큰 사고가 날 수도 있습니다.

우리가 살다 보면 친구와 가족을 시작으로 많은 종류의 사람을 만나는데, 이들 중 약속을 철저히 잘 지키는 사람은 열 명 중 두세 명 미만일 것 같습니다. 또 두어 명은 약속을 지독히 안 지키고, 나머지는 그저 그런 정도입니다. 어른이 돼도 그 비율은 똑같습니다.

약속을 잘 지키는 사람은 함께 무언가를 해도 불안하지가 않지요. 하지만 늘 건성으로 대답하고 약속한 때가 되면 깜빡했다고 한다든지, 미리 아무 말도 않고 있다가 약속 시간이 되어서야 한 번 더 시간을 미룬다든지 하는 사람들이 있지요. 혹은 특정한 시간까지 꼭 필요한 것이 있었는데, 어떤 사람만 믿고 있다가 낭패를 본 적이 없나요? 그런 사람들을 본받으면 안 됩니다.

약속은 결국 시간에 민감한 사람이 잘 지키는 것입니다. 늘 시간의 언저리에 머물며 쫓기는 사람이 되지 말고, 시간에 앞서 가며 일을 처리하고, 조금씩 시간을 남기는 사람이 되어야 합니다.

극장에 가면 꼭 영화 시작한 뒤에 오는 사람들이 있지요. 예배 시간에도 뒤늦게 도착하는 사람들이 있습니다. 피치 못할 사정은 있었겠지만 수능 시험장에도 꼭 늦는 사람이 있기 마련입니다. 그런 사람들은 남에게도 피해를 주지만 결국 자기 자신이 그 피해를 그대로 입는 것입니다. 약속 장소에도 먼저 도착해 그날 모임이나 약속에 대해 돌아보거나 준비하고, 극장이나 공연장 같은 곳도 먼저 가는 것이 여유도 있고 좋습니다. 예배당은 먼저 가서 준비하는 것이 당연한 일이고요.

그런데 약속을 지키지 않는 사람도 항상 그런 것은 아닙니다. 예배 시간에 자주 늦는 친구도 소개팅 자리에는 칼같이(?) 나갑니다. 사전 조사도 다 하고, 언제 했는지 머리 손질과 피부 관리도 제대로입니다. 이 친구, 왜 이러는 걸까요? 당연히

그 일에 관심이 있기 때문입니다. 이처럼 모든 일에 시간을 다 안 지키는 사람은 없습니다. 먹는 것을 좋아하는 사람은 점심시간을 잘 지킵니다. 게임을 좋아하는 사람은 어김없는 시간에 PC방에 나타나고요. 사랑에 빠진 사람은 연인을 보기 위해 만사를 제쳐 두고 약속 장소로 정확히 나갑니다. 즐겨 보는 드라마가 있으면 제시간에 본방을 사수하기 위해 기다리겠지요. 누구나 이렇게 자기가 좋아하고, 원하는 시간은 잘 지킵니다.

그래서 시간 관리가 어렵고 약속 지키기가 어렵다는 것입니다. 살다 보면 자기가 좋아서 시간을 지키는 일은 열 가지 중 한 가지도 안 됩니다. 대개는 다 의무감으로 지키는 것입니다. 그러니까 철이 든 사람, 타인을 배려하는 사람, 부지런하고 책임감 있는 성실한 사람이 시간을 잘 지킵니다. 늘 자신을 절제하고 매사에 민감하기 때문입니다. 그렇기 때문에 세상 모든 사람이 성공을 하지는 못하는 것입니다. 자기가 좋은 일에만 관심을 가지면 안 됩니다.

2. 시간의 '심음과 거둠' 법칙

시간에는 성부–성자–성령, 삼위일체 하나님의 모습도 담겨 있습니다. 우주는 공간–물질–시간으로 이루어져 있습니다. 공간은 다시 1-2-3차원으로, 물질은 에너지–운동–현상으로, 시간은 과거–현재–미래로 나뉩니다. 각각 그 세 가지 요소가 빠지면 성립될 수 없는 것입니다. 하나님도 한 분이 아니라 '한 하나님', 세 분이 한 하나님이 되시는 것입니다(같은 물질이 기체–액체–고체가 되는 것과 혼동하면 안 되며, 한 분 하나님이 세 가지 역할을 한다는 것은 '양태론'이라는 것으로 잘못된 교리임).

시간은 지나간 과거와 다가올 미래가 있지요. 그러나 현재가 없다면 그것은 경험될 수 없습니다. 그래서 현재는 과거와 미래를 계속 연결해 주고 있습니다. 그러므로 좋은 과거, 좋은 경력은 좋은 현재가 없이 만들어질 수 없겠지요. 마찬가지로 좋은 미래 또한 좋은 현재가 없다면 기대할 수 없고, 기대해서도 안 되겠지요. 이것이 심음과 거둠의 법칙입니다.

> 속지 말라. 하나님은 조롱당하지 아니하시나니 사람이 무엇을 심든지 또한 그것을 거두리라(갈 6:7).

그러므로 노력도 하지 않고 하나님이 좋은 것을 주시리라 믿는 것은 하나님을 기만하는 것입니다 좋은 미래를 기대하는 사람은 현재를 알차게 채워 가야 합니다. 그러면 좋은 과거, 좋은 이력이 쌓일 수밖에 없습니다. 하나님은 우리에게 뿌린 그대로 거둘 수 있도록 약속하시는 분입니다. 그리고 우리가 부족해도 하나님을 믿는 마음이 있으면 늘 그것을 의롭게 여겨주시고 더욱더 좋은 것을 주기 원하시는 분입니다.

인간은 약속을 해도 다 지킬 수 없는 불완전한 존재지만, 하나님은 모든 약속을 정확하게 지키십니다. 메시아를 보내시기로 한 약속이 지켜지지 않았다면 우리는 천국을 바라볼 수 없고, 하나님의 자녀가 되는 것도 불가능했을 것입니다. 온 인류가 절망 속에서 에덴동산을 회복하지 못하고 죽어 갔겠지요. 이처럼 하나님의 약속은 변하지 않고 끝까지 지켜집니다.

3. 약속을 잘 하는 방법

하나님께서 약속을 주신 것은 인간에게 커다란 축복이었습니다. 그리고 그것이 불변하며 영원한 효력이 있다는 것은 인간에게 더없는 희망의 소식입니다. 하나님의 형상을 닮은 인간도 약속을 최대한 지켜야만 다른 이들에게 희망을 줄 수 있습니다.

대통령과 정치인은 선거 때 했던 약속을 정해진 시간인 임기 내에 지켜야 합니다. 가족 간에도 약속한 것이 있으면 최대한 지켜야 합니다. 물론 모두 다 완벽하게 지킬 수는 없어도 최선을 다해 노력하고, 약속이 지켜지지 않았을 때는 솔직하게 인정하고 사과해야 합니다.

그래서 약속은 지킬 수 있는 선에서 하는 것이 중요합니다. 내가 3시까지 갈 수 있는데 상대방이 좀 더 빨리 왔으면 한다고 해서 2시까지 간다고 말하고 지키지 못하면 무책임한 것입니다. 또한 내가 무엇을 타고 가느냐에 따라 시간이 늦어질 수도 있으니 상대방이 기다리지 않게, "3시까지 갈 수 있는데, 약간 늦을지 몰라"라고 말해 두는 것이 좋습니다.

옛날에 어떤 귀족이 좋은 병풍을 갖게 되었습니다. 그런데 이 병풍은 아직 그림이나 글씨가 없는 빈 상태였지요. 그는 귀한 병풍을 얻었으니 멋진 글귀를 담아 가보로 물려주고 싶어서 방을 써 붙이고 사람을 모집했습니다.

"매우 귀한 빈 병풍에 붓글씨를 써 줄 명필을 찾고 있소이다.

글귀를 써 준 대가는 후히 지불하리다."

이를 본 사람 중에 인생을 비관해 자살하려던 건달이 있었는데, 글을 모르는 사람이었습니다. 그는 죽기 전에 맛있는 거나 실컷 먹자는 생각으로 자원을 했습니다.

건달은 귀족의 극진한 대접을 받으며 그 집에 머물렀습니다. 배불리 진수성찬을 먹고 난 건달은 이삼일 후부터 벼루를 달라고 한 뒤 먹을 갈기 시작합니다.

"명필은 먹과 벼루에서 시작되는 것이니, 최소 한 달은 갈아야 진짜 작품이 나올 것이외다~."

그래도 귀족은 기대감에 차서 흡족해 했습니다.

"여부가 있겠소. 염려 말고 좋은 작품에만 신경 쓰시오."

그렇게 매일 먹고 놀면서 먹만 갈아대는 날들이 지나가는데…. 시간이 더할수록 건달은 초조해졌습니다.

'아, 어쩌지? 한 달 후에는 죽음을 면치 못할 텐데…!'

온통 그런 생각뿐이었습니다. 주인을 마주칠 때마다 태연한 척 고수의 미소를 지어 보였지만, 그야말로 '내가 웃는 게 웃는 게 아닌' 그런 상황이었지요. 약속한 시간이 다가올수록 안절부절, 속이 바짝바짝 타들어만 갔습니다.

그러나 어김없이 다가온 시간…. 이제 그는 잔뜩 갈아 놓은 먹과 벼루를 앞에 두고 주인의 기대에 찬 시선을 받으며 하얗게 펼쳐진 병풍 앞에 자리를 잡았습니다. 이마에서는 식은땀

이 흐르고 심장은 방망이질을 합니다.

 그는 무릎을 꿇고 천천히 붓을 잡았습니다. 그리고 먹을 듬뿍 찍어 병풍으로 가져갔습니다. 그러더니 이 끝에서 저 끝까지 한 일(一) 자를 그리듯 힘을 주어 쭉 그어버리고는 붓을 던졌습니다. 주인이 놀랄 틈도 없이 그는 벌떡 일어나 도망치기 위해 방을 나섰습니다. 그때 잔뜩 긴장한 그의 발이 문지방에 걸리면서 건달은 마루에 엎어졌고, 그 자리에서 즉사하고 말았습니다.

 황당한 주인은 다 망쳐버린 병풍을 아까워하며 다락에 치워 두고 건달의 시신을 수습하는 수밖에 없었습니다.

 그렇게 몇 해가 지난 어느 날, 집 앞을 지나던 한 도인이 찾아와 주인에게 말했습니다.

 "이 집에 엄청난 보물이 있소."

 그 말에 주인이 말했습니다.

 "우리 집에 값나가는 물건은 없는데, 잘못 찾아온 것 같소."

이렇게 말했지만 도인은 다락에 처박아 둔 병풍을 언급하며 펼쳐 보기를 원했습니다. 그러자 건달이 망쳐놓은 굵은 붓 자국만 남아 있었는데, 바로 그 낙서에 사람의 혼이 꿈틀거린다는 것이었습니다.

물론 이것은 옛날이야기이고, 죽은 사람의 혼은 육신과 분리되어 천국이나 지옥으로 갑니다. 아무튼 이 이야기는 자기 능력 밖의 약속을 하면 큰 손해를 보게 되고, 남에게도 해를 끼친다는 뜻입니다. 한 달 동안 좋은 음식을 먹고 편안히 살았지만 마음이 얼마나 초조했을까요. 물론 건달은 결과적으로 주인에게 보물을 안겨 준 셈이 됐지만 자기 목숨이라는 엄청난 대가를 치러야만 했습니다. 이렇게 약속은 항상 시간과 연결돼 있습니다. 시간 안에 할 수 있는 것만을 약속해야 하며, 지키지 못할 것에 대비한 차선책도 준비가 되어야 합니다.

4. 모든 일은 타이밍이 맞아야

다른 것이 다 돼도 타이밍이 적절치 않으면 아무 소용없는 일이 많습니다. 어떤 사람이 아무리 좋은 약속을 했어도 기한이 없으면 아무 소용이 없는 것입니다. 있을 때 잘해야지, 떠나간 후에는 후회해도 소용이 없습니다.

뭐든 거꾸로 하는 사람을 청개구리라고 합니다. 청개구리는 어찌나 엄마 말을 안 듣고 반대로만 했는지, 오죽하면 엄마가 죽을 때 이렇게 유언을 했답니다.

"엄마가 죽으면 물가에 묻어 주렴."

무덤을 물가에 두는 건 말도 안 되지만 그렇게 말하면 청개구리가 반대로 땅에 묻을 것으로 생각했기 때문이었습니다. 그런데 청개구리는 뒤늦게 깨닫고 평소 엄마 말을 안 들은 것을 후회하며 엄마의 마지막 말이라도 그대로 해야겠다고 생각한 끝에 정말로 물가에 엄마를 묻었습니다. 그래서 비만 오면 청개구리가 우는데, 그게 바로 "울 엄마 산소 떠내려갈라" 하는 울음소리라지요.

그래서 타이밍이 중요합니다. 공부를 할 타이밍, 일을 할 타이밍, 놀 타이밍이 잘 맞아야지, 아무렇게나 되는 대로 하면 능률이 오르지 않고 효과도 적어집니다. 시간을 민감하게 관리하는 정확한 관념을 지닌 사람이 되면 모든 일에 유리합니다.

기회는 모두에게 찾아옵니다. 그러나 그것을 잡을 준비가 되어 있지 않다면 아무리 많은 기회가 와도 잡을 수 없을 것입니다. 그러므로 좋은 기회를 적절한 타이밍에 잡으려면 가능한 한 많은 준비를 해 놓아야 하며, 성실한 사람에게 좋은 기회가 올 확률은 더 많아진다는 것입니다. 준비는 평소에 하는 것입니다. 벼락치기로 하는 것이 아니고 늘 계단을 오르듯 한 걸음씩 차근차근 준비하는 것입니다.

준비를 안 하고 좋은 일을 바라는 사람을 기회주의자라고 부릅니다. 땀은 거짓말을 하지 않습니다. 적절한 타이밍을 잡는 사람은 행운이나 기적을 잡은 것이 아니라 모든 기회의 문 앞에 대기하고 서 있었던 것입니다. 골키퍼가 여러 차례 선방을 했다면 공격수의 공이 어디로 올지 우연히 알아맞힌 것이 아니라, 온몸에 멍이 들 정도의 피나는 훈련 끝에 동물적인 감각을 익혀 공이 오는 모든 방향으로 나아갈 수 있는 실력을 길렀기 때문입니다. 그것은 우연이 아닙니다.

인생은 타이밍이다…. 이 말을 로또 대박을 바라는 한탕주의나 기회주의의 말로 이해하면 안 됩니다. 그런 것을 좇는 사람은 확률 상 불가능한 것을 따라가는 것이기 때문에 결국 자기가 억지로 그 기회를 만들려다가 불법을 저지르고 실패와 오명을 얻는 경우가 많은 것입니다. 타이밍은 성실함입니다.

5. 시간은 예절의 기본

시간을 잘 지키는 것은 사회생활의 기본입니다. 정확한 시간에 약속 장소에 가는 것도 중요하고, 늦게 되면 미리 연락을 해야 합니다. 특히 면접이나 업무 관련 약속 등은 교통편을 숙지하고 미리 약속 장소 근처에 도착해 준비하는 것이 좋겠지요.

처음 만나는 사람인 경우에는 너무 일찍 가서 기다리는 것도 그리 좋은 자세는 아닙니다. 또한 초대받은 남의 집을 방문하거나 할 때는 도착 전에 문자나 연락을 하고, 약속한 시간보다 몇 분 정도 천천히 도착하는 것이 좋습니다. 그리 친하지 않은 사람에게 밤늦게 불쑥 전화를 하거나 메시지를 보내는 등 매너 없는 일도 자제해야겠지요.

살다 보면 희한한 사람들도 많이 있는데, 그중 주변 사람들에게 스트레스를 주는 사람도 많습니다. 그 여러 요인 중 하나가 바로 시간에 관한 것입니다. 약속을 해 놓고 오지 않아 전화를 해 보면 깜빡했다며 못 가겠다고 하는 경우도 있습니다. 직장에서도 지각은 밥 먹듯이 하면서 퇴근은 제일 먼저 하는 사람이 있고요. 다 같이 힘을 모아 진행하는 학교의 조별 과제나 회사에서의 프레젠테이션 준비에 뺀질거

려서 남의 시간을 빼앗고 피해만 주며 묻어가는 이들도 상당히 많습니다.

여러분은 부디 시간과 때를 잘 알고 소중히 여기고 아껴서 예의 바른 사람, 남에게 칭찬받는 사람이 되기 바랍니다.

6. 시간에 대한 여유

시간은 어찌 보면 무서운 것입니다. 아무리 밀어내도 무작정 밀고 들어오는 불도저 같은 것이 시간입니다. 토끼와 거북은 누가 봐도 그 승부가 뻔한데, 의외로 거북이 이깁니다. 그것은 거북이 느려도 멈추지 않기 때문에 그렇습니다. 한시도 쉬지 않는 시간은 그래서 아무도 당할 자가 없는 것입니다. 시간은 죽음의 태엽을 끊임없이 풀고 있습니다.

그러나 조금 바꿔서 생각할 필요가 있습니다. 시간의 주인이 된다는 것은 시간을 초월한 자신감을 뜻합니다. 그것은 우선 영원을 소유해야만 가능합니다. 하나님이 주시는 구원은 영원한 시간이라는 선물입니다. 물론 지옥에 가도 영원한 시간을 선물로 받습니다. 그것은 가장 무서운 선물이겠지요. 일말의 희망도 그 멈추지 않을 시간이라는 놈이 다 앗아가 버립니다. 그러나 구원받은 자녀들은 가장 큰 선물을 받는 것입니다. 그래서 그리스도인들은 순교를 두려워하지 않고, 남을 위해 죽을 수도 있는 것입니다.

시간을 두려워하지 말아야 합니다. 그리고 시간에 대해 여유를 가지고 너무 빡빡하게 굴지 말아야 합니다. 시간은 소중한 것이라고 여러 번 강조했지만 중요할수록 그것에 또한 관대해야 합니다.

시간을 지키지 않는 친구나 나를 속이는 불행한 시간 앞에서도 인내하고 의연할 줄 알아야 합니다. 내 시간을 빼앗는 일들에도 너그러운 사람이 되세요. 시간은 돈으로 살 수 없는 것이기 때문에 중요하지만 그만큼 작은 손익의 계산으로 따지는 것이 무의미한 것입니다. 물론 억울한 누명을 쓰고 오랜 세월을 감옥에서 보냈다면 보상을 받아야 하고 그렇게 만든 사람이 책임을 져야 하지만 말이지요.

여러분은 벤저민 프랭클린(B. Franklin)을 알 겁니다. 미국의 역사에서 가장 중요한 인물 중 하나가 바로 이 사람입니다. 그는 정직한 정치가였고 과학자였으며, 정확한 계획에 따라 시간을 아끼며 살았던 사람입니다. 그에 관한 일화는 우리가 너무나 잘 알고 있습니다.

그가 상점의 점원으로 있을 때 손님이 가격을 물어 대답을 했는데, 깎아 달라며 흥정을 했습니다. 그러자 프랭클린은 오히려 가격을 높여서 불렀습니다. 손님이 따지자 점점 더 높은 가격을 말했습니다. 대체 왜 그러느냐고 묻자 그가 말했다고 하지요.

"시간은 돈입니다. 손님은 지금 제 시간을 빼앗았기 때문에 가격이 더 높아지는 것입니다."

그러자 손님은 그의 말을 인정하고 그 높아진 값을 다 지불하고 갔다는 일화입니다.

물론 맞는 말입니다. 시간을 아끼고 소중히 여겨야 하는 것은 맞습니다. 그러나 인간이 시간을 모두 지키며 살 수 없듯이 융통성이 있어야 하고, 조금 손해 볼 줄도 알아야 하며, 타인을 용납할 줄도 알아야 합니다.

프랭클린은 번개가 전기임을 확인하는 실험도 했고, 미국 독립선언문의 초안을 작성하기도 했습니다. 그런데 그가 아름다운 선율로 운치를 더하는 악기인 하모니카를 발명한 것을 아시나요? 저는 젊은이들에게, 벤저민 프랭클린을 기억하려면 이런 낭만적인 악기를 만든 사람으로 기억하라고 말하고 싶습니다. 시간은 돈이니까 매사에 정확히 따지는 능력도 중요하지만 넉넉한 마음으로 나무 밑에서 하모니카를 부는 시간을 아까워하지 않는 그런 사람이 되기를 바랍니다.

세상은 순간순간을 떼어놓고 보면 공평하지 않습니다. 태어

남과 죽음에 있어서 '오는 순서는 있어도 가는 순서는 없다'는 말처럼 삶이 주어진 시간도 각자 다르지요. 시간의 순서에 너무 집착하면 안 됩니다. 시간은 우리를 배신할 수도 있어요. 엘리베이터에 늦게 타서 문 앞에 서 있던 사람이 문이 열리면 먼저 내려 목적지에 더 빨리 도착하죠? 그런 일들이 삶에서 비일비재하게 일어납니다. 항상 여유를 가지고 느긋하게 승부를 봐야 합니다. 끝날 때까지 끝난 게 아니니까요. 실패해도 낙심할 필요가 없습니다.

시간은 상대적으로 느껴지는 것입니다. 나이가 들수록 시간을 빨리 느낍니다. 어느 목적지를 향해 갈 때 부모들은 자기 느낌으로, 30분쯤 남으면 어린 아이에게 "다 왔어"라고 합니다. 하지만 아이에게 30분은 아직도 먼 시간입니다.

좋아하는 사람과 데이트를 하면 후딱 서너 시간이 지나가 버리지만 수업 시간은 영영 끝나지 않는 저주라도 걸린 것 같을 때가 있습니다. 군대에 간 사람에게 꽤 자주 면회를 간 것 같은데 막상 군대에 있는 사람은 너무 뜸하게 찾아와 서운하다고 합니다. 이처럼 시간은 나이와 여건, 그리고 개인에 따라 체감하는 수준이 다 다를 수 있습니다. 그러므로 내 기준에서만 생각하지 말고 남의 입장을 헤아려 여유 있게 시간을 사용하는 것이 좋겠습니다.

시간에 쫓기지 말고, 눈사람을 만들듯 시간을 굴리면서 다스려 보세요. 시간은 거짓말을 하지 않습니다. 그 시간들은 눈덩이가 커지듯 소중한 결과들을 여러분 앞에 보여 줄 것입니다. 마음의 여유를 가지고, 귀중한 1분, 1분을 아름답고 의미 있게 채워 나가세요.

7. 가장 중요한 시간관념

끝으로 시간에 대해 여러분이 꼭 기억할 것이 있습니다. 하나님은 시간의 주인이십니다. 그분의 시간은 우리와 전혀 다르며, 우리의 긴 일생은 한 점과도 같습니다.

> 사랑하는 자들아, 주께는 하루가 천 년 같고 천 년이 하루 같다는 이 한 가지 사실에 대하여 무지한 자가 되지 말라(벧후 3:8).

그러므로 각자는 일생이라는 시간의 끝을 생각해야 합니다.

아무도 자기 시간의 끝을 모릅니다. 이 시간 동안 모두 구원을 받아야 합니다. 다른 기회는 없습니다. 하나님은 오늘도 구원 받지 못한 한 영혼을 기다리며 아무도 멸망의 선택을 하지 않으시기를 원하십니다.

> 주께서는 자신의 약속에 대해 어떤 사람들이 더디다고 생각하는 것 같이 더디지 아니하시며 오직 우리를 향하여 오래 참으사 아무도 멸망하지 아니하고 모두 회개에 이르기를 원하시느니라 (벧후 3:9).

자기의 때를 아는 것, 그것이 가장 중요한 시간관념입니다. 헛되이 시간을 보내지 말고 가장 먼저 구원을 받아야 합니다.

그분께서 이르시되, 받아 주는 때에 내가 네 말을 들었고 구원의 날에 내가 너를 구조하였노라, 하시나니, 보라, 지금이 받아 주시는 때요, 보라, 지금이 구원의 날이로다(고후 6:2).

아직 구원받지 못한 사람은 하나님께 겸허히 나아가 마음을 열고 지난 시간을 먼저 회개하고 돌이켜 하나님께서 보내주신 외아들 예수 그리스도를 자기 구주와 주님(주인)으로 시인하고 믿으시기 바랍니다. 하나님께서 일생 중 가장 복된 시간을 여러분에게 허락하시기를 간절히 바랍니다.

EPILOGUE

실천하지 않으면 소용 없어요

　　　　끝까지 잘 읽어 보셨나요? 여러분은 무엇을 느꼈나요? 세상에는 많은 사람들이 살아가지요. 여러분이 뉴스와 신문을 통해 만나는 어른들과 연예인, 정치인, 사회 지도층 사람들을 보세요. 그들이 무엇이 선하고 바른 것인지 모를까요? 모두가 이미 다 알고 있을 것입니다. 그러나 그들은 선하고 바른 것들을 자기 것으로 받아들이지 못한 것이겠죠. 그것이 바로 존경받는 좋은 어른과 시시하고 나쁜 어른의 차이일 것입니다. 좋은 것을 진지하게 자기 것으로 받아들이고 하나라도 실천하는가, 그렇지 못하느냐에 따라 우리의 미래의 모습은 달라질 것입니다.

　여러분이 잊지 말아야 할 것은 가장 먼저 구원을 받아야 한다는 것입니다. 그 다음으로는 하나님의 자녀로서 좋은 사람이 될 수 있도록 애쓰는 것입니다. 구원받은 하나님의 자녀는 죄의 길에서 떠나 옳은 것을 지향하는 사람입니다. 하나님의 자녀가 원하는 길은 좋은 성품의 길이겠지요.

> 오 청년이여, 네 젊은 때를 기뻐하라. 네 젊은 시절에 네 마음이 너를 기쁘게 하고 네 마음이 원하는 길들로 걸으며 네 눈이 보는 대로 걸으라. 그러나 이 모든 일들로 인하여 하나님께서 너를 심판 자리로 데려가실 줄 너는 알라(전 11:9).

하나님의 창조 법칙은 반드시 심판이 따른다는 것입니다. 하나님을 믿지 않은 사람은 지옥의 심판이 있고, 구원받은 사람은 정죄함이 없는 대신 우리의 모든 행위를 그리스도의 심판석에서 보고를 해야 합니다. 그 자리에서 아름다운 상을 받을 수 있도록 애쓰는 것이 하나님의 자녀입니다.

자! 지금 당장 결심해 보세요. 아름다운 성품을 지닌 하나님의 구별된 자녀가 되기로 말입니다. 항상 말씀을 가까이하며 모든 일에 예수님의 마음을 본받아 행동해 보세요. 처음에는 잘 안 되더라도 실망하거나 포기하지 말고 해보는 겁니다.

성격은 타고나지만 성품은 바꿀 수가 있습니다. 좋은 성품은 작지만 소중한 행복과 주님 안에서의 참된 만족과 기쁨을 가져다 줄 것입니다. 여러분 모두가 그런 행복과 기쁨을 주변에 나누어 주는 아름답고 멋진 주님의 자녀가 되기를 바랍니다.^^

사명선언문

너희가 흠이 없고 순전하여……세상에서 그들 가운데 빛들로
나타내며 생명의 말씀을 밝혀 _ 빌 2:15-16

1. 생명을 담겠습니다
만드는 책에 주님 주신 생명을 담겠습니다.
그 책으로 복음을 선포하겠습니다.

2. 말씀을 밝히겠습니다
생명의 근본은 말씀입니다.
말씀을 밝혀 성도와 교회의 성장을 돕겠습니다.

3. 빛이 되겠습니다
시대와 영혼의 어두움을 밝혀 주님 앞으로 이끄는
빛이 되는 책을 만들겠습니다.

4. 순전히 행하겠습니다
책을 만들고 전하는 일과 경영하는 일에 부끄러움이 없는
정직함으로 행하겠습니다.

5. 끝까지 전파하겠습니다
모든 사람에게, 땅 끝까지, 주님 오시는 그날까지
복음을 전하는 사명을 다하겠습니다.

서점 안내

광화문점 서울시 종로구 새문안로 69 구세군회관 1층
02)737-2288 / 02)737-4623(F)

강남점 서울시 서초구 신반포로 177 반포쇼핑타운 3동 2층
02)595-1211 / 02)595-3549(F)

구로점 서울시 동작구 시흥대로 602, 3층 302호
02)858-8744 / 02)838-0653(F)

노원점 서울시 노원구 동일로 1366 삼봉빌딩 지하 1층
02)938-7979 / 02)3391-6169(F)

일산점 경기도 고양시 일산서구 중앙로 1391 레이크타운 지하 1층
031)916-8787 / 031)916-8788(F)

의정부점 경기도 의정부시 청사로47번길 12 성산타워 3층
031)845-0600 / 031)852-6930(F)

인터넷서점 www.lifebook.co.kr